CHAQUE PIÈCE, 20 CENTIMES.   THÉÂTRE CONTEMPORAIN ILLUSTRÉ   MICHEL LÉVY FRÈRES, ÉDITEURS,
676ᵉ ET 677ᵉ LIVRAISONS.                                              RUE VIVIENNE, 2 BIS.

# L'OTAGE

DRAME
EN CINQ ACTES ET SIX TABLEAUX
PRÉCÉDÉ DE

## LA COUR DU PLAT-D'ÉTAIN EN 1799

PROLOGUE EN UN ACTE

PAR

## M. THOMAS SAUVAGE

REPRÉSENTÉ POUR LA PREMIÈRE FOIS, A PARIS, SUR LE THÉÂTRE DE L'AMBIGU-COMIQUE, LE 4 AVRIL 1863

### DISTRIBUTION DE LA PIÈCE

| | | |
|---|---|---|
| GEORGES DE BERGERAC (le comte), délégué du Directoire. . . . . . MM. CASTELLANO. | GADERIC . . . . . . . . . . . . . . . | NÉRAULT. |
| MONTBARROIS (le marquis de), gentilhomme breton . . . . . . . . HENRI LUGUET. | 1ᵉʳ AGENT. . . . . . . . . . . . . . . | J. MOREAU. |
| GUINROUET, métayer du marquis. . MACHANETTE. | 2ᵉ AGENT . . . . . . . . . . . . . . . | GEORGES. |
| ARMAND GUINROUET, son fils, avocat. . ALMAIZA. | UN OFFICIER. . . . . . . . . . . . . | MERCIER. |
| COLINCAMP. . . . . . . . . . . . OMER. | UN BURALISTE. . . . . . . . . . . . . | GUILLOT. |
| UN CHEF VENDÉEN. . . . . . . . . DORNAY. | CLOPINEAU, domestique. . . . . . Mᵐᵉˢ ALFRED. |  |
| UN MEMBRE DU DIRECTOIRE . . . . JULES A... | OCTAVIE DE MONTBARROIS, fille du marquis. . . . . . . . . . . . | ANNA DERONNE. |
| UN MÉDECIN. . . . . . . . . . . . HOSTEIN. | MADELEINE MOREL, sa demoiselle de compagnie. . . . . . . . . . | JULIETTE CLARENCE. |
| UN JUGE. . . . . . . . . . . . . . DÉSARMES. | CATHERINE DUTOUR, veuve, fripière, etc. | EUDOXIE LAURENT. |
| JINCHELOT. . . . . . . . . . . . MORETTEAU. | UNE VIEILLE DAME. . . . . . . . . . | SAINVILLE. |
| PINÇARD. . . . . . . . . . . . . BOSQUETTE. | OFFICIERS, SOLDATS, BRETONS, INVITÉS, DAMES, PAYSANNES, DOMESTIQUES, ETC. | |
| RAFLET. . . . . . . . . . . . . . LAVERGNE. | | |

En l'an VIII (1799-1800.)

La scène se passe à Paris, au prologue. — En Bretagne, aux actes suivants.

— Tous droits réservés —

## LA COUR DU PLAT-D'ÉTAIN
### PROLOGUE

A droite, magasin de madame Dutour; le devant de ce magasin donne dans la rue Meslay; le derrière est une sorte de petit café borgne, au rez-de-chaussée. — Tables dehors. — Au-dessus, fenêtre de madame Dutour. — A gauche, bureau de la diligence. — Au fond, le passage aboutissant à la rue Saint-Martin. — Au lever du rideau, arrivée d'une diligence. — Mouvement des voyageurs qui emportent leurs effets, etc.

### SCÈNE PREMIÈRE

RAFLET, PINÇARD, JINCHELOT, LE BURALISTE ET SES FACTEURS, UN CRIEUR PUBLIC, LE CONDUCTEUR, CLOPINEAU, VOYAGEURS, COLINCAMP assis près d'une table, tournant le dos au public, prend avec attention une tasse de café ; parmi les voyageurs, Jinchelot qui réclame sa valise.

RAFLET, examinant les voyageurs. Notre émigré n'en est pas.

PINÇARD, de même. Rien qui ressemble à ce signalement : cinquante ans, cheveux gris; haute taille; apparence robuste.

RAFLET, descendant en scène. Il nous le faut pourtant, ce ci-devant marquis!
PINÇARD. Si nous ne le pinçons pas aujourd'hui, le coup est manqué.
JINCHELOT, au conducteur, près de la diligence. Ah! laissez un peu ma valise. Je la porterai bien moi-même; je vais à deux pas. (Il s'avance.)
RAFLET, regardant Jinchelot. Je connais ça!
PINÇARD. Mais oui!
RAFLET. C'est Jinchelot!
JINCHELOT, saisi. Plaît-il?... ah!... Raflet... Pinçard...
RAFLET. Ce cher Jinchelot!
JINCHELOT. Chut!... plus de Jinchelot, ici... ce nom-là a eu du malheur...
RAFLET, PINÇARD. Bon, bon!
JINCHELOT. Appelez-moi Gugus... tant que vous voudrez... c'est innocent.
PINÇARD. Va pour Gugus...
RAFLET. Est-ce qu'on ne se rafraîchit pas?
JINCHELOT. Soit! soit. (Ils se font servir dehors, à droite.) Mais lâchez-moi après... je suis en pays de connaissance, ici tout près... ça brûle.
PINÇARD. Ah!...
JINCHELOT. Oui, j'allais là, tenez... rue Meslay.
UNE VOIX, dans la rue. Le voilà pour un sol!... voilà ce qui vient de paraître; grande insurrection en Bretagne...
PINÇARD. Encore une! fameux!
LA VOIX. Deux cent cinquante prisonniers...
MADAME DUTOUR, de chez elle. Clopineau!...
JINCHELOT, effrayé. Eh!...
PINÇARD. Quoi donc?...
JINCHELOT. Chut!
MADAME DUTOUR, de chez elle. Clopineau!
JINCHELOT. Cachez-moi!
CLOPINEAU. Bourgeoise!...
MADAME DUTOUR, de chez elle. Qu'est-ce qu'on crie?... va voir! apporte!...
CLOPINEAU. Oui, bourgeoise! (Il court acheter le papier qu'on crie.)
PINÇARD. Qu'est-ce que tu as?
JINCHELOT. C'est la Dutour! ma cousine Dutour!...
PINÇARD. Eh bien?... la fripière?...
JINCHELOT. Elle est ronde, da!... pas vrai?
RAFLET. Mais oui.
JINCHELOT. Et son sac?... un joli sac!... feu Dutour, son cormoran de mari, en a-t-il gratté de ces louis d'or!... ça sera pour moi, cette poudre-là... Faut vous dire que nous sommes cousin cousine, qu'on a été élevés ensemble, et qu'on gardait toutes sortes de bêtes dans les champs; on faisait des petits balais dans les bois... Ma foi, après mes malheurs, n'ayant plus ça à mettre sous la dent, j'ai repensé à la cousine...
PINÇARD. Et à son sac?
JINCHELOT. Tout de même... et, sitôt échappé de prison, je lui ai écrit... une supplique à fendre les pierres. Elle m'a répondu... voilà sa lettre... (Il tire son portefeuille.) « Qu'elle m'aimait toujours, qu'elle se souvenait des petits balais..., et cœtera!... qu'elle m'attendait... » Des bêtises!... elle est sensible, et je reviens... mais va-t-elle me reconnaître, après quinze ans d'absence?... c'est égal, ça fera une noce!... quelle noce!... Oh! si elle savait combien son Jinchelot en a rôti... de balais!... mais, pas de commérages, dà!... Appelez-moi Gugus... laissez-moi épouser et on fricotera ici!...
PINÇARD. Sois donc tranquille, entre amis!..
CLOPINEAU, apportant des verres et de l'eau-de-vie sur la table. Messieurs, vous êtes servis!
PINÇARD, s'attablant. Comme ça, te voilà casé, toi?
JINCHELOT. Oui, et vous? qu'est-ce que vous faisiez ici!...
RAFLET. Oh! pour le moment, Pinçard et moi, nous avons un mandat contre un ci-devant, un conspirateur... un ex-marquis... et nous étions disposés à le pincer dur...
JINCHELOT. Et vous aurez, pour ça?
PINÇARD. Cent livres.
JINCHELOT, haussant les épaules. En papier!...
PINÇARD. Le fait est qu'il n'y a plus d'eau à boire, dans les affaires du Directoire... Nous sommes serrés par une rude patte!
JINCHELOT. Qui donc?...
PINÇARD. Le coriace des coriaces; le pince-sans-rire, la chouette!... c'est pas un homme, c'est un œil!...
JINCHELOT. Qui donc?
PINÇARD. Tu ne devines pas?... l'homme que le général Bonaparte avait emmené en Italie pour nettoyer les grands chemins, et qui les a nettoyés!... ah! mais, si bien nettoyés!... Tu ne connais pas Colincamp?
JINCHELOT. Si je le connais?... c'est lui qui m'a pincé!... Quand j'y pense, j'ai froid au dos.
PINÇARD. Eh bien!... figure-toi, mon homme, on ne le voit jamais, il y est toujours... Plus moyen de vivoter sur la pratique... L'autre soir, deux camarades avaient à arrêter une riche Anglaise, agente de Pitt et Cobourg... elle joue du pouce, ils la laissent filer... v'lan! v'là Colincamp qui paraît tout à coup, ils avaient encore les guinées à la main!... « Votre commission! » qu'il leur dit, et il les casse. La semaine passée, trois des nôtres avaient à reconduire hors barrières un libéré en surveillance. Ils le font financer un brin; v'lan! encore Colincamp qui sort de dessous terre!! « Votre commission! » et il les colle à Saint-Lazare...
JINCHELOT. Oh!...
PINÇARD. Plus rien à frire, quoi! Aussi, puisque ça se joue comme ça, nous avons pensé un peu à nous, Raflet et moi. Le ci-devant Montbarrois est riche comme Crésus : on le fera cracher au bassinet, avant de le pincer; ce sera le coup de l'étrier ; après quoi, nos places sont retenues, nous lâchons Paris, nous prenons du service en Bretagne, chez le nouveau délégué près des départements insurgés, le ci-devant Bergerac, qui a trouvé moyen de se faire nommer par le Directoire. En voilà un qui sait rire et qui laisse vivre le monde; en voilà un qui sait faire mordre un goujon dans l'eau trouble... En voilà un qui a fait ses foins et qui va faire ses orges! Voilà le patron qu'il nous faut, et nous ferons la noce, citoyen Jinchelot...
JINCHELOT. Gugus!...
PINÇARD. Oui... Gugus...
JINCHELOT. C'est ça! c'est ça!...
UNE VOIX, dans la rue. Le voilà pour un sol : *La loi des otages*, rendue par le Conseil des Cinq-Cents...
JINCHELOT. Qu'est-ce que c'est que ça, la loi des otages?
PINÇARD. Oh! une idée des Cinq-Cents!... on arrête ceux qui n'ont rien fait, pour empêcher les autres de faire quelque chose.
RAFLET. Elle est drôle!...
LA VOIX, continuant. La *Loi des otages*..., imprimerie des frères Chaigneau...
MADAME DUTOUR, de chez elle. Clopineau!... Clopineau!... (Elle ouvre la fenêtre.)
JINCHELOT. Encore!
CLOPINEAU. Bourgeoise!...
MADAME DUTOUR. Qu'est-ce qu'on crie?... va voir!...
CLOPINEAU. Oui, bourgeoise! (Il sort pour acheter le papier.)
JINCHELOT se levant. Allons, il faut se quitter... ce n'est pas prudent...
RAFLET. Et puis, nous avons notre Montbarrois à pincer avant de prendre la diligence.
PINÇARD, revenant du bureau. En voilà une drôle!... nous n'avons plus de places dans la voiture!
RAFLET. Comment, nous n'en avons plus?... nous!...
PINÇARD. On me dit qu'elles sont toutes prises par ce monsieur... (A Jinchelot.) Paye toujours... Ah bien! nous allons voir un peu!... (Il s'approche de l'homme qui prend son café.) C'est vous, qui voulez toute une diligence pour vous seul?... vos papiers! (L'inconnu lui donne un papier et se retourne.)
PINÇARD, lisant le papier. Ah! mon Dieu !...
L'INCONNU, regardant Raflet. Votre commission!... (A Pinçard.) la vôtre!... on vous doit huit jours!... voici... Si vous êtes embarrassés pour un gîte, je vous offre les Madelonnettes.
PINÇARD. Oh!... (Il s'enfuit.)
JINCHELOT, à Raflet. Quoi donc ?
RAFLET, bas. Regarde! (Il s'enfuit.)
JINCHELOT, reconnaissant l'homme. Aïe!... Colincamp! (Il vent s'esquiver.)
COLINCAMP. Halte-là!... maître Jinchelot... je croyais que nous avions encore huit ans à faire!... un moment!... le portefeuille que tu as là?... (Il l'ouvre, examine les papiers.)
JINCHELOT. Si près du paradis!...
COLINCAMP, à deux hommes, qui se sont avancés. A la Force!... (On emmène Jinchelot. Sur un signe de Colincamp un commissionnaire emporte la valise de Jinchelot.)

## SCÈNE II

COLINCAMP, LE BURALISTE.

LE BURALISTE, à Colincamp qui sort. Citoyen! citoyen!...
COLINCAMP. Quoi?
LE BURALISTE. Et la place qui me reste pour le départ de dix heures... Est-ce que je puis en disposer?
COLINCAMP. Oui.

LE BURALISTE, saluant. Merci, citoyen COLINCAMP. Bonjour!... (Il sort.)

## SCÈNE III

MADELEINE, OCTAVIE, UNE VIEILLE DAME, arrivant.

MADELEINE. Neuf heures seulement! Je te l'ai bien dit, Octavie, nous arrivons trop tôt. — Nous allons attendre une mortelle heure dans cette ignoble cour! ce n'est guère agréable et c'est très-imprudent.

OCTAVIE. Tu sais bien, Madeleine, que j'ai mes raisons pour arriver si tôt... Tu sais bien qu'il y avait ce mot dans le dernier billet de mon père : « Je tâcherai que vous rencontriez, avant de monter en voiture, quelqu'un qui vous parlera de moi. »

MADELEINE. J'avais oublié.

OCTAVIE. Je me suis souvenue, moi... Oh!... puisqu'il m'est refusé de le voir, de l'embrasser; puisque depuis six ans que cette révolution terrible nous a séparés, je n'ai d'autre rapport avec lui qu'une lettre bien rare, une ligne inanimée, équivoque, souvent écrite par une main étrangère, rencontrer quelqu'un, une créature vivante qui aura vu mon père, qui l'aura touché, qui aura entendu sa voix et me transmettra sa douce parole... c'est un bonheur, vois-tu, un immense bonheur, le premier que j'aie ressenti depuis la mort de ma pauvre mère!... Je n'en ai pas dormi de la nuit.

MADELEINE. Écoute donc! M. de Montbarrois est ton père... il n'est pas le mien... En vérité, on dirait que tu m'accuses d'insensibilité!... Je ne suis pas mademoiselle de Montbarrois, une grande dame, moi; je suis Madeleine Morel, enfant oublié ou méprisé; Madeleine, la demoiselle de compagnie, votre suivante au besoin.

OCTAVIE. Je suis ta sœur, mon amie... N'avons-nous pas même toit, même existence?... n'avons-nous pas eu même berceau?... ne te fâche pas... quand il s'agit de mon père, vois-tu, je suis irritable; je ne me connais pas.

MADELEINE. Oh! que tu es bien sa fille!... exaltée à la fois et timide, opiniâtre... oui, opiniâtre, et abattue au premier choc. Faut-il, ainsi qu'un roseau, frissonner à chaque souffle qui passe, quand on est fille d'un homme qui s'est jeté dans la guerre civile; quand on sacrifie fortune, existence, tout, à un fantôme; car cette fidélité, au roi qui n'est plus, est-ce autre chose qu'un fantôme d'honneur ? Il faut savoir en subir les conséquences. Dans cette retraite, où ton père nous a confinés en Suisse, tu n'as jamais fait que pleurer, gémir, trembler et demander à Dieu de sauver ta patrie. Regarde-toi donc ce Paris, ce brillant, cet enivrant Paris que nous avons traversé ce matin; as-tu vu les toilettes, les carrosses, les chevaux bondissants; as-tu vu cet océan de têtes intelligentes, joyeuses, illuminées? Est-ce là pleure quelque chose ici?... Est-ce bien ici qu'il s'élevait des échafauds? Est-ce bien la ville que menacent vingt armées ennemies, lancées à travers nos frontières ouvertes?... Allons, allons, il y a autre chose que votre passé lugubre; toute cette nation a soif de vie et s'élance régénérée vers l'avenir...

OCTAVIE. Fût-ce sur le corps de mon père, n'est-ce pas, tu me conseillerais la joie ? quand la sanglante Vendée, toujours renaissante, lui apporte chaque jour une menace de mort!... quand il est proscrit, errant, affamé, blessé, peut-être... Oh ! Madeleine!... Tu ne penses pas ce que tu dis. Tu aimes comme moi M. de Montbarrois, ton protecteur, plus que ton père!...

MADELEINE. Ne me trace pas mon devoir, Octavie, je le connais; et, vienne l'occasion, tu en auras la preuve. Je dois beaucoup à toi et à ta famille, je payerai.

OCTAVIE. Bonne Madeleine !

MADELEINE. En attendant, suis mes conseils... n'use pas éternellement ta vie dans d'inutiles terreurs... Respire donc, il est permis de respirer... Tout à l'heure encore, quand tu as cru remarquer que ce jeune homme nous suivait...

OCTAVIE. Oui, à notre sortie de la voiture de Pontarlier, quand nous avons pris le fiacre qui nous a amenées ici.

MADELEINE. Oui. Eh bien, tes craintes n'étaient-elles pas visibles?

OCTAVIE. Oh! cet homme est effrayant...

MADELEINE. Pas si effrayant que cela... un cavalier accompli... je n'en ai jamais vu qui m'ait aussi peu épouvantée !

OCTAVIE. Tu n'as pas été inquiète de la façon dont il nous suivait, dont il nous regardait ?

MADELEINE. Rassure-toi; c'est moi qu'il regardait... et j'avoue que je l'ai regardé aussi.

OCTAVIE. Oh! Madeleine! Dieu merci... nous en sommes délivrées.

MADELEINE. Cela nous a distraites!... Hélas!.. nous aurons

bien assez le temps de périr d'ennui, dans la nouvelle prison où ton père va nous claquemurer... car ce sera encore une prison, vois-tu. Ah! ma chère, je n'ai pas comme toi, peur de l'orage, moi... je suis la bruyère très-humble, très-vulgaire, mais robuste; tu es la fleur de serre, riche, orgueilleuse et délicate. A propos, recommande donc à la très-digne personne que ton père nous a donnée pour gardienne, de jouer un peu plus au naturel son rôle de dame! cela sent trop la tourière... (A la dame.) Oui, chère maman... songez-y, vous ne vous appelez plus sœur Ursule ; vous êtes la citoyenne Duval, bourgeoise voyageant avec ses filles... Cachez votre livre, cachez!

OCTAVIE, qui a regardé au loin. Madeleine !

MADELEINE. Quoi donc?

OCTAVIE. Regarde, là-bas, cet homme qui se cache...

MADELEINE. Il se montre, puisque tu le vois.

OCTAVIE. Ne ris plus... Si c'était nous qu'il cherche! Si c'était l'ami que mon père doit nous envoyer.

MADELEINE. Il s'approche... peu... mais il s'approche.

OCTAVIE. Il hésite.

MADELEINE. Veux-tu que je le décide ?

OCTAVIE. Non! oh! non, attends!...

## SCÈNE IV

LES MÊMES, LE MARQUIS, grand chapeau, redingote à haut collet, tenant son mouchoir devant sa figure.

LE MARQUIS, bas. Octavie!...

OCTAVIE. Mon Dieu!...

MADELEINE, au marquis. A qui parlez-vous?

LE MARQUIS, bas. Plus bas, Madeleine!

MADELEINE. Mon nom!...

LE MARQUIS, bas. Contenez - vous... soyez naturelles... abordez-moi simplement...

OCTAVIE, tremblant. Qui êtes-vous, monsieur ?...

MADELEINE, haut. Oui, citoyen... nous attendons la voiture, comme vous voyez.

LE MARQUIS, haut. Enchanté, mesdemoiselles... (Bas.) Chère Octavie!

OCTAVIE. Cette voix!...

LE MARQUIS. Tais-toi!...

OCTAVIE, le reconnaissant. Mon père!...

MADELEINE, le reconnaissant. Monsieur !...

LE MARQUIS. Pas un cri !... pas un geste !... l'air calme... un sourire froid aux lèvres... (Haut.) Il fera bon pour voyager, mesdemoiselles... (Bas.) Ma fille adorée, mon amour, mon trésor... Elle va tomber... soutiens-la donc, Madeleine.

OCTAVIE. Non, non; j'ai cru que mon cœur allait éclater... de joie... c'est fini... Oh!... mon Dieu, que je vous remercie... Mon Dieu! mon Dieu!...

MADELEINE. Et cette madame Duval, qui ne bouge pas et qui roule des yeux effarés... Approchez-vous donc un peu!...

LE MARQUIS. Ma chère Octavie!... Je t'ai donc revue encore une fois!...

OCTAVIE. A quel prix!... peut-être... Oh!... pouvez-vous avoir ainsi joué votre vie...

LE MARQUIS. Je la donnerais pour t'embrasser, si avec elle je ne risquais aussi la tienne!... T'embrasser!... Oh! que je voudrais t'embrasser!... Depuis sept ans!... comme te voilà belle... grande... Madeleine aussi...Vous me trouvez bien fatigué... bien vieux... Oh ! la cruelle existence! oh! les terribles jours qui comptent chacun pour une année !... N'écoute-t-on pas ?...

MADELEINE. Non, non... (Haut.) Figurez-vous que nous sommes venues dans un fiacre affreux ! (Elle rit avec affectation.)

OCTAVIE. Ta main, ta main, mon père... On peut bien so donner la main!...

LE MARQUIS. Écoute-moi, mon Octavie : vous allez, avec cette bonne sœur, vous fixer, aux environs de Nantes, dans une maison sûre, une communauté naissante... Ce sera un peu sévère...

MADELEINE, à part. Qu'est-ce que je disais?...

LE MARQUIS. Mais tu t'en consoleras, en pensant que je ne serai pas loin de vous.

OCTAVIE. Si loin ?

LE MARQUIS. Non; je reste dans le voisinage: un grand mouvement se prépare dans l'ouest; nous eussions subi un maître, nous ne voulons pas de cinq tyrans incapables. On entendra parler de nous avant peu. Rassure-toi. Le moment est plus favorable qu'il ne l'a jamais été... Cette fois, nous triompherons...

OCTAVIE. Encore la lutte ?...

LE MARQUIS. Toujours!... et comme je ne puis savoir ce que Dieu me réserve, j'ai voulu te revoir.

OCTAVIE. Je vous le reproche

LE MARQUIS. Non .. s'il ne se fût agi que de satisfaire mon cœur, j'eusse résisté à la tentation ; trop de dangers réels nous entourent... Mais j'avais un devoir à remplir : Tu es ma fille unique... Tous ceux qui m'aimaient, parents, amis, sont tombés autour de moi dans cette bataille de sept années... personne ne survit, pour te protéger, si tu venais à me perdre !... Oh ! il faut savoir entendre ce que je te vais confier... Fille de soldat, apprends que ton père peut mourir !

OCTAVIE. Parlez !...

LE MARQUIS. Écoute aussi, Madeleine... tu es une amie, presque une sœur pour ma fille. Dieu t'a donné la volonté, l'énergie, l'adresse ; tu peux, tu dois protéger Octavie... comme on te protégea quand mon frère le commandeur, qui t'avait recueillie, t'apporta dans ma maison.

MADELEINE. Comptez sur moi, monsieur le marquis ; mais ce que vous me recommandez, je l'ai déjà promis de moi-même à Octavie.

OCTAVIE. C'est vrai...

LE MARQUIS. Si je réussis dans mon entreprise, nous ne nous quitterons plus et notre vie sera brillante et heureuse... Si j'échoue et que je survive, ayant ma fille près de moi, nous passons ensemble en Angleterre... Si je succombe... ah! voici ce qu'il faut écouter, mes enfants ! Eh bien ! si je meurs, allez promptement trouver mon fidèle métayer Guinrouët, mon brave Guinrouët dont la closerie est dans le voisinage, et mettez-vous sous sa protection pour vous cacher ou pour quitter la France. Dieu merci, après moi, Octavie ne manquera de rien. — On aura beau confisquer mes biens, châteaux et terres, ma fille sera encore la plus riche héritière de France... Entends-tu, Octavie ?...

MADELEINE. J'entends, j'entends !

LE MARQUIS. Ici, ma chère Madeleine, quelle que soit ma tendresse pour toi, et ma confiance, dont tu es digne, ici se placent quelques mots que le marquis de Montbarrois doit dire à la dernière de sa race, en secret... et tu me le pardonneras .. Dieu seul peut assister en tiers à notre entretien.

MADELEINE. Je comprends... je m'éloigne, monsieur le marquis.

OCTAVIE. Vous l'avez blessée, cette chère amie.

LE MARQUIS, menant Octavie à l'écart. Je le regretterais, mais il le faut... écoute.

MADELEINE, à part. Étrangère !... étrangère et servante !

LE MARQUIS. J'ai réalisé une somme immense, soit pour les besoins de la guerre, soit pour notre émigration en Angleterre... Te rappelles-tu le manoir de Montbarrois et ses caveaux, sépulture de nos aïeux ? Oui, n'est-ce pas ? Tu y as prié, pleuré souvent.

OCTAVIE. Et tremblé aussi.

LE MARQUIS. Oui, à l'aspect du grand lion de pierre, couché sur le tombeau qui m'attend... Octavie, quand tu auras la certitude de ma mort, ou même à mon simple appel, descends dans les caveaux et plonge hardiment la main dans la gueule du lion : un ressort caché fera tourner sur elles-mêmes deux pierres du monument... Le piédestal ouvert te livrera notre trésor. Il est à toi, ma fille... enlève-le, seule, ou, si tu ne le peux, appelle ce jour-là Guinrouët ; tu peux lui confier ton or... je lui ai cent fois confié ma vie.

OCTAVIE. Bien.

MADELEINE, à part. Une honnête servante, on lui confie sa fille... mais sa fortune... Oh ! non !... Car, c'est de sa fortune qu'il lui parle.

LE MARQUIS. C'est tout ; tu as bien compris ?

OCTAVIE. Oui ; je n'aurai plus peur du lion.

MADELEINE, qui écoutait. Du lion ?...

LE MARQUIS. Reviens, Madeleine ; oui, tu es tout hérissée... on t'a fait injure... Oh ! que je te reconnais !... fière et jalouse... Tu es bonne heureusement. — Dompte cet orgueil... éteins cette envie ; Octavie est plus à plaindre que toi ! Et si tu continues à être honnête, bienveillante et sage, bien des choses que tu reproches à la fortune, s'effaceront. Ton petit orgueil lui-même se déclarera satisfait...

MADELEINE, avec ironie. Mademoiselle Octavie me fera une petite pension, pour ma vieillesse ?... Oh !... merci !...

LE MARQUIS. Mauvaise !... aime-la bien ! aimez-vous bien, enfants ! soyez-vous, l'une à l'autre, la protection et le conseil...

OCTAVIE. Je le jure !...

MADELEINE. Je le promets.

LE MARQUIS. Vous êtes à jamais en sûreté si nul ne devine que l'une de vous est la fille du malheureux marquis de Montbarrois... N'avouez jamais cela... niez-le, même dans la torture ; personne au monde ne peut vous le prouver...

TOUTES DEUX. Nous obéirons. (Mouvement autour de la voiture.)

LA VIEILLE DAME, s'approchant. Du monde !...

LE MARQUIS. Il faut pourtant se quitter... se dire adieu... Ah ! Octavie, est-ce que je ne te donnerai pas mon dernier baiser, avec ma bénédiction ?

OCTAVIE, ouvrant les bras. Mon père !

MADELEINE, montant sur un banc, à la dame. Venez donc, ma mère, regarder les chevaux qui arrivent.

LE MARQUIS, à l'abri derrière elle. Octavie, mon enfant ! seule joie, seul espoir de ma vie, je te bénis ! je te bénis ! (Ils s'embrassent.) Merci, Madeleine. — Adieu ! adieu ! — (Il s'enfuit, Octavie est restée à demi morte sur le banc.)

## SCÈNE V

LES MÊMES, ARMAND, puis GEORGES DE BERGERAC, CLOPINEAU, M<sup>me</sup> DUTOUR.

ARMAND, regardant Octavie. Voilà une jeune fille bien émue... quelle charmante figure ! (A Clopineau.) Pour la voiture de Nantes, s'il vous plaît ?

CLOPINEAU. Au bureau, citoyen !

GEORGES, entrant. Je suis certain que leur fiacre est entré ici... En effet, les voici : ce sont bien elles... je ne les quitte plus. (Il congédie sa voiture, en payant le cocher.)

MADELEINE, montrant Armand à Octavie. Sèche tes larmes... on nous regarde !... (Octavie s'essuie les yeux.)

OCTAVIE. Tu crois ?

ARMAND. Elle pleure !...

OCTAVIE, apercevant Georges. Ah ! encore ?...

MADELEINE, se retournant et voyant Georges. C'est lui !...

OCTAVIE. Il nous a suivies... c'est une odieuse persécution !...

ARMAND, à Octavie. Mademoiselle... si je pouvais ?... qu'allais-je faire !... cela ne me regarde pas !...

MADELEINE, à Armand avec sévérité. Vous dites, monsieur ?...

ARMAND. Rien !... pardon !... (Au bureau.) C'est bien pour Nantes ?

LE BURALISTE. Il ne reste plus qu'une place.

GEORGES, s'avançant. Je la prends !

ARMAND. Plaît-il ?...

GEORGES. Je dis que je retiens la place.

ARMAND. Mais, monsieur, j'étais ici le premier.

GEORGES. Vous avez peut-être demandé, le premier, si c'était ici le bureau de Nantes ; mais c'est moi qui, le premier, ai demandé la place.

ARMAND. Voilà une subtilité que je n'admets pas.

GEORGES. Auriez-vous l'intention de me disputer ?...

ARMAND. Parfaitement ! (Il paye et prend son billet.)

GEORGES. Écoutez, monsieur : la discussion nous ferait perdre, à l'un et à l'autre, cette place. Peut-être, pour vous, ne s'agit-il que d'un retard insignifiant ; pour moi, c'est autre chose, et je perdrais, en ne partant pas, une occasion qui m'est plus précieuse que la vie. Cédez-moi votre billet, voulez-vous ?

OCTAVIE, avec effroi. Mon Dieu !...

MADELEINE. Comme il a dit cela !...

ARMAND, froidement. Impossible, monsieur ; je ne puis me dispenser de partir.

OCTAVIE, avec joie. Ah !...

MADELEINE, en sens contraire. Ah !...

GEORGES. Une pareille réponse, quand je m'abaissais à prier... c'est une offense.

ARMAND. Du tout ! c'est un refus.

GEORGES. Vous m'insultez, vous dis-je.

ARMAND. Comme il vous plaira.

GEORGES. Et je ne partirai pas... ni vous non plus !...

ARMAND, mettant son manteau à la voiture. Oh ! que si fait !

GEORGES. Qui êtes-vous ?

ARMAND. Et vous ?...

GEORGES. Vous lirez mon nom sur mon épée.

ARMAND, à demi-voix. Voici le mien sur ma valise : Armand Guinrouët.

GEORGES, railleur. Avocat ?

ARMAND. Quelquefois défenseur des autres et, toujours, de moi-même.

GEORGES. Nous verrons cela... une berline, des chevaux de poste !... Je serai avant vous au relais !...

ARMAND. Eh bien !... vous m'y attendrez !...

OCTAVIE. Horrible scène !...

MADELEINE. C'était pour moi !...

LE CONDUCTEUR. En voiture ! (Mouvement. On monte en voiture.)

CRIEUR, dans la rue. Le voilà pour un sol !... voilà ce qui vient de paraître !...
MADAME DUTOUR, à la fenêtre. Clopineau !
LE CRIEUR. C'est l'arrivée, à Paris, du général Bonaparte !...
MADAME DUTOUR, entrant. Le général à Paris !... Clopineau !... va donc voir !... Le général Bonaparte !... Clopineau !... J'y vais moi-même !... (La voiture part. Mme Dutour sort, à demi vêtue, en courant et en criant.)

## ACTE PREMIER

### PREMIER TABLEAU

**La métairie de Guinrouët**

Intérieur rustique. — Grand vitrage au fond, donnant sur la campagne. En dehors, un puits. — A droite, au fond, escalier. — Plus près, une cheminée. — Portes à droite, à gauche et au fond.

### SCÈNE PREMIÈRE

Au lever du rideau, le tocsin sonne, une lueur rouge colore l'horizon, des coups de feu se font entendre, des paysans armés traversent la campagne en courant.

ARMAND, sort vivement d'une chambre à droite, va regarder au vitrage du fond, puis paraît GABÉRIC.

ARMAND. Nos paysans armés ! le ciel rouge à l'horizon !... le feu est à quelque bâtiment voisin, il me semble.. Qu'y a-t-il, Gabéric ?
GABÉRIC. Cachez-vous, monsieur Armand ; on voudrait forcer d'y aller, c'est un incendie ; il paraît qu'on aurait surpris un couvent de l'autre côté des Landes, et puis on parle d'une rentrée des chouans... on s'est battu ; j' vas prévenir M. Guinrouët.
ARMAND. Prévenir mon père ! Je m'en charge !... va aux nouvelles, Gabéric, va !... (Seul.) Dieu me garde de le réveiller : depuis trois mois que je suis ici, j'ai tant de peine à le faire rester tranquille. (Il s'approche, et ouvre la porte d'une chambre.) Mais son lit est vide... il n'a pas passé la nuit ici... où est-il ?... (Regardant dans une cache.) Son fusil n'est plus dans la cachette, oh ! il faut que je sache la vérité. (Il sort, en fermant la porte derrière lui.)

### SCÈNE II

GUINROUËT seul, descendant par l'escalier du fond. Personne, en bas: ils ont tous couru au feu, je m'y attendais !... Ouf ! mon bon Dieu... ouf !... ce grand scélérat de bleu, que je tenais au bout de mon fusil, ne m'a pas manqué avec son pistolet. Je sens sa balle dans mon épaule. (Il essaye de descendre.) Les pauvres demoiselles ! disje j'étais pour arriver à leur chambre... et les sauver !... que vont-elles devenir ?... On me suivait... j'ai entendu des voix... Ah ! s'ils viennent ici, mon compte est bon !... cette blessure... ce fusil... Je serais bientôt expédié, mon bon Dieu... mais fout qu' je vive ; pour mon seigneur, pour sa fille... et pour mon fieu à moi !... Allons, du courage ! (A son fusil.) Adieu, vieux camarade... faut se quitter... Adieu ! (Il va jeter son fusil dans le puits.) Et puis, voilà du sang qui trahirait son maître... (Il quitte sa veste ensanglantée, la met sous l'escalier et se couvre d'une autre veste; pendant ce temps, Armand rouvre la porte.)

### SCÈNE III

GUINROUËT, ARMAND.

ARMAND. Je suis sûr qu'il est dans cette bagarre... il se perdra !...
GUINROUËT. Pauvres demoiselles, comment les rejoindre ? (Il fait quelques pas et paraît prêt à s'évanouir.) Mais je m'en vas, j' m'en vas !... (Il tombe dans un fauteuil.)
ARMAND. Le voilà ! C'est vous, mon père !
GUINROUËT. Le fieu !
ARMAND. D'où venez-vous ?
GUINROUËT. Tu vois, je me lève !...
ARMAND. Non, vous étiez sorti.
GUINROUËT. Eh bien, après ? on ne peut pas sortir, monsieur l'avocat ? ces avocats sont tous révolutionnaires !...
ARMAND. Vous savez ce qui se passe ?
GUINROUËT. On m'en a bien un peu parlé...
ARMAND. Je craignais que vous n'y fussiez allé...

GUINROUËT. Moi, pourquoi faire ? attraper queques coups de fusil, pas si bête !
ARMAND. Vous frissonnez, vous êtes pâle.
GUINROUËT. C'est la fièvre.
ARMAND. Vous me trompez !... on vous a conté les événements de cette nuit... ce couvent fermé... les rebelles, qui se sont armés contre la loi.
GUINROUËT. La loi ! la loi ! v'là bien monsieur l'avocat !
ARMAND. Si je suis avocat, c'est à votre bonté, à votre générosité que je le dois ; à l'éducation que j'ai reçue...
GUINROUËT. Oui, j'espérais ainsi faire de toi l'intendant de notre pauvre seigneur, M. de Montbarrois, ou de sa fille...
ARMAND. Ne vaut-il pas mieux servir les intérêts de tous ?...
GUINROUËT. De tous ! de tous ! est-ce qu'on aime tout le monde, comme on aime son maître, celui qu'on a servi de père en fils, et dont le bras nous a protégés, comme l'ombre de son château protégeait notre chaumière !
ARMAND. Sans doute, père.. mais...
GUINROUËT. Ne plaidons pas, nous ne parviendrons jamais à nous entendre ; on m'a appris à aimer trois êtres dans ce monde... à leur donner ma foi, mon respect, mon amour : pour eux, j'ai vécu. — Pour eux, je suis prêt à mourir : mon Dieu, mon roi, mon maître... Dieu, ils le nient... le roi, ils l'ont tué... mon maître et son enfant, ils les traquent comme des loups ! Ah ! ne parlons plus de cela... n'en parlons plus !...
ARMAND. Dieu est au-dessus des outrages de l'homme... et ce que Dieu permet, mon père, il faut savoir s'y soumettre... c'est pour le bien de l'humanité.
GUINROUËT. Ne me change pas ma vie et ma croyance... ce qui était bien pour mes pères, doit être bien pour moi. Mes pères adoraient les grandes pierres noires que nous rencontrons encore dans nos bruyères désertes... vous adorez le vrai Dieu, vous... avez-vous tort ?
GUINROUËT. Je ne dis pas...
ARMAND. On servait autrefois un homme, on sert aujourd'hui son pays. Cela n'empêche pas d'avoir de respect et de la reconnaissance pour un bienfaiteur ; vous vouliez faire de moi le serviteur du marquis de Montbarrois, je suis prêt à le servir pauvre et persécuté.
GUINROUËT, avec doute. Hein !... tu n'as pas même fait ce que je le demandais. Le marquis voulait te marier à une compagne de sa fille, il avait trouvé un parti pour toi, c'était bien de l'honneur pourtant ! Je te fais venir de Paris, tu m'écris que tu es prêt... et puis tu refuses.
ARMAND. J'ai eu tort ; j'étais un peu aveuglé, pardonnez-moi : j'étais amoureux, amoureux !...
GUINROUËT. Amoureux ? Il fallait le dire avant de partir...
ARMAND. C'est en route seulement que cette folie m'est venue : j'avais rencontré, au départ, deux jeunes filles si charmantes, si adorables surtout... qui voyageaient avec leur mère.
GUINROUËT. Ça te prend vite !
ARMAND. Un cerveau brûlé, un grossier maladroit voulait les suivre malgré elles ; elles semblaient implorer ma protection...
GUINROUËT. Tu les a protégées, toi ?
ARMAND. Que trop bien ! cet insolent a osé venir ce que je le demandais en route, il nous a rejoints à un relais, la colère m'a pris, je l'ai emmené à l'écart, nous nous sommes battus...
GUINROUËT. Bah !
ARMAND. Et je l'ai couché par terre, d'un coup de pistolet.
GUINROUËT. Toi !
ARMAND. Pendant ce temps-là, la diligence était partie ; mes jeunes filles disparurent, impossible de les rejoindre... Où sont-elles ! plus rien ! c'est fini... voilà pourquoi vous m'avez vu revenir si singulier, si sombre ; voilà ce que je rapportais de mon voyage : un rêve et un remords !
GUINROUËT. Tu t'es battu... bravement battu ? un avocat !...
ARMAND. Cela vous étonne, père !
GUINROUËT. Ah ! mon fieu, mon vrai fieu !...
ARMAND. Cela vous étonne, père !
GUINROUËT. Tu as du cœur, tu défends une femme, tu ne ferais pas de mal à une pauvre fille, que protége ton vieux père... je pourrais donc te confier mon secret ?
ARMAND. Parlez.
GUINROUËT, prenant une lettre dans sa cachette. Tiens !...
ARMAND. Qu'est-ce que cela ?
GUINROUËT. Lis, pour que je t'explique la chose.
ARMAND. Du marquis de Montbarrois ?
GUINROUËT. Oui, de notre maître.
ARMAND, lisant. « Mon brave Guinrouët, je reçois avis que le délégué Bergerac trame quelque chose contre l'asile des Filles-Dieu, où j'ai renfermé ma fille Octavie et sa compagne

Madeleine; je ne puis quitter mon poste pour aller défendre mon enfant. Pars aussitôt mon billet reçu, emmène Octavie et Madeleine, et cache-les chez toi, jusqu'à ce que tu puisses les faire passer en Angleterre ; Octavie te dira le reste. »
GUINROUËT. Eh bien?
ARMAND. Je comprends ; vous avez été au couvent...
GUINROUËT. Envahi par les flammes, cerné déjà, quand j'arrivais avec quatre bons gars à moi, nous fûmes reçus à coups de baïonnette... Ce fameux délégué, envoyé par le Directoire, était là... il commandait; je me glisse, je rampe, je parviens jusqu'à l'endroit où j'entendais crier les pauvres filles ; mais ce damné Bergerac arrive en même temps que moi, je l'ajuste, il me prévient..
ARMAND. Et vous êtes blessé !
GUINROUËT. Sa balle est là.
ARMAND. Un médecin, un médecin !
GUINROUËT. Oui! pour qu'on me dénonce, pour qu'on me reconnaisse! un chouan pris les armes à la main ! J'aime mieux une balle que cinquante. D'ailleurs, n'y a pas de danger : le plomb ça n'est point malsain.
ARMAND. Et les jeunes filles ?
GUINROUËT. J'étais tombé en travers de leur porte ; elles ont eu le temps de fuir, je les ai vues traverser le jardin, mais on les aura rattrapées.
ARMAND. Il faut voir, il faut les sauver, j'y cours.
GUINROUËT. Oui, mon fieu ! oui ! cours ! viens que je t'embrasse. (Il l'embrasse, on frappe.)
ARMAND. On a frappé.
GUINROUËT. J'ai été suivi ! les bleus me cherchent.
ARMAND. Pauvre père !
MADELEINE, dehors. Est-ce bien ici la métairie de Jacques Guinrouët?
ARMAND. Une voix de femme !
GUINROUËT. Mon bon Dieu !
ARMAND, regardant par la fenêtre. Elles sont deux !
GUINROUËT. Attends, je vais ouvrir, — va tout préparer dans la cache.
ARMAND. J'y vais !

### SCÈNE IV

GUINROUËT, OCTAVIE, MADELEINE, puis ARMAND.

GUINROUËT. Entrez, bonnes demoiselles !
OCTAVIE. Je meurs de fatigue, d'effroi.
MADELEINE. Un peu de courage !
GUINROUËT les faisant asseoir. Soyez les bienvenues chez le vieux Guinrouët... Comment avez-vous pu arriver jusqu'ici ?
MADELEINE. M. de Montbarrois nous avait recommandé, au premier péril, de nous adresser à vous; nous voici, à travers champs, dans les ronces, les genêts...
GUINROUËT. Merci, mon bon Dieu ! brave comme notre maître.
OCTAVIE. Guinrouët !... mais on nous poursuit... j'en suis sûre !
GUINROUËT. J'ai une bonne cache !
MADELEINE. Où cela?
GUINROUËT. La chambre de défunte ma pauvre femme... le fieu est en train de la préparer pour vous.
ARMAND, revenant. Tout est prêt, mon père. (Reconnaissant Octavie.) Elle !
OCTAVIE, le reconnaissant. Vous, monsieur !
MADELEINE, de même. En effet !
GUINROUËT. Eh bien, quoi ?
ARMAND. Ah ! mon père, mon père !...
OCTAVIE. Le bruit d'une voiture !...
ARMAND. Entrez vite ! ici...
GUINROUËT. Et ne craignez rien ! (Il les fait entrer dans une chambre et ferme la porte; à Armand.) Cours vite ouvrir la porte des champs et veille pour qu'au signal on puisse les faire sortir, de ce côté ; moi, je vais m'occuper de recevoir ce qui arrive.
ARMAND, sortant à droite. J'y vais. (Il sort.)

### SCÈNE V

MADAME DUTOUR, COLINCAMP sous le nom et avec les habits de JINCHELOT, GUINROUËT.

MADAME DUTOUR, parlant au dehors. Range la carriole, Cadet, et soigne un peu la grise, y a de quoi à l'écurie, va ! puis tu viendras nous rejoindre. (À Colincamp.) Et toi, avance, n'aie pas peur, pousse-toi au monde ; avec moi, on entre partout et l'on est toujours bien reçu... même dans sa famille.
GUINROUËT, les regardant. Qu'est-ce que me veut ce monde-là ?
MADAME DUTOUR. Bonjour, mon oncle Guinrouët !
GUINROUËT, surpris. Hein?

MADAME DUTOUR. Nous vous saluons bien, moi et ma compagnie.
GUINROUËT, la regardant. Eh! mais, mon bon Dieu, est-ce bien possible ? c'est ma nièce, je crois ?
MADAME DUTOUR. Juste, mon oncle ! la petite Catherine Choubert d'autrefois ; aujourd'hui madame veuve Dutour, à votre service : tapissière-fripière au Plat-d'Etain, sauf votre respect, à Paris !
GUINROUËT. Comment c'est toi, Catherine ?
MADAME DUTOUR. Oui, mon oncle, c'est moi-même, en personne... Ah ! çà, et vous, ça va ben, j'espère ? quoique je vous trouve une drôle de mine.
GUINROUËT. J'ai la fièvre !... et qu'est-ce qui t'amène comme ça, tout à coup, dans le pays, que tu nous tombes sur les bras comme une bombo... sans dire gare ?
MADAME DUTOUR. J' vas vous dire, mon oncle : c' qui m'amène, c'est des affaires... oui... des affaires d'argent... et de cœur !
GUINROUËT. De cœur ?
MADAME DUTOUR. Oui, de cœur,... car, moi, vous le savez, j'ai toujours eu de ça...
GUINROUËT. Oui, oui... témoin les accointances avec ton cousin Jinchelot... un autre bon sujet, qui s'est enfui un beau matin de chez ses parents... il y a quinze ans, et dont depuis on n'a jamais entendu parler... il aura fini mal ! il devait finir mal !
MADAME DUTOUR, à demi-voix à Colincamp. Voilà le bénéfice de l'incognito : on entend son oraison funèbre... de son vivant. (À Guinrouët.) Eh bien, c'est justement ça, mon oncle, qui cause mon retour, et si vous voulez me faire donner à moi et ma compagnie un pichet de cidre... j'aimerais mieux du vin, mais c'est pas votre article, vous n'en tenez pas ici... J' vas vous conter mon histoire, qu' ça vous intéressera comme la celle de Damon et Henriette, qui m'a toujours inondée.
GUINROUËT, criant au dehors. Marie, tire trois pichets de cidre au bon muid.
MARIE, dehors. Oui, not' maître !
MADAME DUTOUR, soupirant. Ah ! vous disiez ben vrai, not' oncle, que j'avais un faible très-fort pour ce mauvais sujet de Jinchelot. (La servante apporte trois pichets, qu'elle met sur une table devant Guinrouët ; les autres personnages s'approchent et s'asseyent ; madame Dutour continuant.) Si fort et si connu que, lui parti, je n'eus plus qu'à quitter aussi le pays, pour éviter les caquets et les avanies... À votre santé, mon oncle... (Ils trinquent avec les pots.) Enfin, je vins à Paris, où qu' je me mis en service... j'eus du bonheur, j' tombai bien : c'était un brave homme que M. Dutour, mon maître fripier-ferrailleur au Plat-d'Etain (Elle boit.) Il est toujours raide votre petit poiré !... J' lui convins !... si bien, qu'au bout de deux ans, il crut devoir m'épouser, pour me récompenser de mes bons services ; puis, non content de ça, il mourut trois mois après, me laissant tout ce qu'il possédait... eh v'là un digne homme !... car y avait gros ! il faisait de fameuses affaires... avec un peu d'usure qu'y joignait... Je le pleurai ben vite et je continuai son commerce... que je ne laissai pas dépérir, plus que moi, je vous prie de le croire... (Elle boit.) J'étais riche... mais j'avais un air rongeur...
GUINROUËT. Qu'est-ce que tu veux dire par là ?
MADAME DUTOUR. Je pensais toujours à ce gueux de Jinchelot. (Elle le regarde.) V'là-t-il pas qu'un soir, je reçois une lettre qu'il m'écrivait !...
GUINROUËT. Qui ça ?
MADAME DUTOUR. Jinchelot ! qui me disait : « J'ai parcouru tout le monde, j'ai vu les femmes de tous les pays, il n'y a qu'une Catherine Choubert, je voudrais venir mourir à ses pieds!... » — « J'ai de ça ! ça m'a emportée ! — « Viens vivre au Plat-d'Etain, que j'y ai répondu, pas vrai ? »
COLINCAMP. Tout de même.
GUINROUËT. Comment, c'est lui...
MADAME DUTOUR. Lui, Jinchelot !
COLINCAMP, bêtement. Bonjour, mon oncle Jacques Guinrouët !
MADAME DUTOUR. Voyez-vous qu'il vous connaît bien !
GUINROUËT. Oui, oui ; quant à moi, je ne lui aurais jamais donné son nom !
MADAME DUTOUR. C'est comme moi, d'abord... je ne l'ai pas reconnu non plus ; il ne se ressemble pas du tout, n'est-ce pas ?
GUINROUËT. Du tout, du tout !
MADAME DUTOUR. Mais il m'a bien fallu me rendre, quand il m'a parlé de nos anciennes amours, de nos promesses... et puis il s'est rappelé tous nos parents et amis... que je lui nommais pour voir s'il s'en souviendrait, et vous, et le mar-

quis de Montbarrois et sa fille et... oh! il a une mémoire étonnante!
GUINROUET. Je n'en reviens pas, mon bon Dieu! Comment v'là ce mauvais sujet dont on se croyait débarrassé?
COLINCAMP, bêtement. Oui, mon oncle v'là ce mauvais sujet dont on...
GUINROUET. Ah! çà... mais t'as l'air calé?
COLINCAMP. Mais oui!... mais oui!... je le suis assez, calé!
GUINROUET. Quéque tu fais à présent? t'étais maçon, de ton état?
COLINCAMP. Autrefois! autrefois! oui, mon oncle; mais, comme depuis quelque temps, on ne construit guère, au jour d'aujourd'hui, je me suis mis à démolir... y a plus de profit!
GUINROUET, avec humeur. Ah! ah! tu es de la bande noire, toi?
COLINCAMP. Noire, si vous voulez, puisque c'est comme ça, qu'on nous appelle, parce qu'il y a parmi nous assez de charabias, qui ne se débarbouillent que les décadis, c' qu'est plus loin que les ci-devant dimanches.
GUINROUET. Eh bèn, mon garçon, tu trouveras à démolir dans le pays... oui... oui... la nation vend tous les jours les châteaux de nos seigneurs... seulement, vois-tu, fais bien attention : quand on y donne un coup de pioche, on reçoit un coup de fusil!
COLINCAMP. Ah! diable!
MADAME DUTOUR. Merci!... n'en achète pas, Jinchelot!
COLINCAMP, avec indifférence. Y a donc encore des chouans par ici?
GUINROUET. Pas beaucoup... mais quelques-uns.
COLINCAMP, d'un air malin. Et vous les connaissez, mon oncle?...
GUINROUET, durement. Je ne connais personne... fais tes affaires si tu peux, mon garçon... et laisse les autres faire les leurs... C'est un conseil d'ami que je te donne.
COLINCAMP. Ah! ah!... Eh bien, on s'y conformera!
MADAME DUTOUR. Ça nous dérange un peu ça, nous qui venions ici enlever les mobiliers des châteaux, qu'on a pour des coquilles de noix.

### SCÈNE VI
#### LES MÊMES, ARMAND.

ARMAND entrant vivement. Alerte! alerte! mon père!...
GUINROUET. Quéque c'est?
ARMAND apercevant Colincamp et Madame Dutour. Ah! pardon...
GUINROUET, les présentant. Des Parisiens, de la famille : Catherine, Jinchelot...
ARMAND. Ah!
CATHERINE. De la vraie famille, si vous en avez besoin; qui a de ça, et de ça à votre service.
GUINROUET. Qu'est-ce qu'il y a?
ARMAND. On m'annonce l'arrivée du délégué du Directoire; bien escorté; il accourt, au galop; il a demandé le chemin de la métairie...
GUINROUET, froidement. Ah! (D'un ton significatif.) Tout est-il prêt pour le recevoir?
ARMAND, de même. Tout.
MADAME DUTOUR. Le délégué du Directoire? vous voyez le beau monde! Et qui est celui-là?
ARMAND. Bergerac, le fameux Georges de Bergerac, nommé par le Directoire depuis trois mois et qu'une maladie avait empêché d'entrer en fonction.
MADAME DUTOUR, bas à Colincamp. Dis donc, Jinchelot! not' débiteur... ah bien, bon! comme ça se trouve!...
ARMAND. Il est rétabli, il se met à l'œuvre.
MADAME DUTOUR. Quoi! ce Bergerac dont on a dit tant d'horreurs et qui nous doit...
GUINROUET. En a-t-on dit des horreurs? je ne sais pas; il a contenté le gouvernement; cet homme...
ARMAND. Non, mon père! ce ci-devant comte de Bergerac, qui a renié sa caste, et s'est fait le bourreau de ses anciens amis; ce proconsul, qui a noyé dans le sang toute la province; ce féroce ambitieux qui, perdu de dettes, souillé de trahisons, sorti de crimes, s'est fait une arme, un marchepied de l'échafaud et qui, déjà précipité une fois par l'exécration publique, vient de remonter à la surface, grâce à l'erreur ou à la faiblesse d'un de ses protecteurs tout puissant, ce monstre n'a pas contenté le gouvernement; il l'a trahi!
GUINROUET. Eh! eh!... nous nous entendons, fieu! nous nous entendons!
ARMAND Je l'espère.
MADAME DUTOUR. Quoi! c'est ce misérable Bergerac qui a fait tant de mal dans notre pauvre pays, à la première guerre?

ARMAND. Oui!
MADAME DUTOUR. Celui qu'on accuse d'avoir fait mourir une pauvre vieille, pour douze cents livres; mais tu sais cela, Jinchelot?
COLINCAMP. Non!
MADAME DUTOUR. C'était dans ton voisinage!
COLINCAMP. Je ne me rappelle pas!
MADAME DUTOUR. Comment! vous ne vous rappelez pas? vous n'êtes donc pas Jinchelot? vous ne vous rappelez pas la Grand-Jean!
COLINCAMP. Ah! la Grand-Jean... la Grand-...
MADAME DUTOUR. Allons donc! (A Guinrouet.) Il est si bête!
GUINROUET. Ah! il est bête!
MADAME DUTOUR. Conte donc ça au cousin... va donc!
COLINCAMP. Eh bien!... voilà la chose!... C'était une bonne femme, très-bonne... et très-vieille... qui avait fourni les écuries de Bergerac, pendant la disette; elle réclama son dû : il l'envoya promener; elle était bretonne et entêtée, elle insista : « Mon fils me fera payer quand il reviendra, » lui dit-elle, — le fils Grand-Jean était, comme tout le monde, aux armées.— Le citoyen Bergerac lui répondit : « Ah! tu as des grains et des fourrages, toi, quand personne n'en a? tu es donc une accapareuse? » On fusillait dans ce temps-là les accapareurs; il fit fusiller la Grand-Jean, qui mourut en appelant son fils! M. de Montbarrois la fit enterrer... voilà!
GUINROUET. Voilà!
MADAME DUTOUR. Et le fils? Qu'est-ce qu'il a dit? qu'est-ce qu'il a fait?
COLINCAMP. Ah! je ne sais...
GUINROUET. Il a disparu comme tant d'autres.
MADAME DUTOUR. Jour de Dieu!... Eh bien, faudrait pas qu'on me renie une dette à moi, faudrait pas...
ARMAND. Père... entendez-vous? les voilà!...
GUINROUET. J'entends!
ARMAND. Il crie bien haut!
GUINROUET. Ça va chauffer!...
MADAME DUTOUR, à Colincamp. Tu canues, toi?
COLINCAMP. Dame!
MADAME DUTOUR. Que je le voie! regarde un peu comme on est têtu, dans la famille.

### SCÈNE VII
#### LES MÊMES, GEORGES DE BERGERAC.
*Au delà de la porte paraissent des dragons.*

GEORGES, à la porte. Au nom de la loi!...
ARMAND, à part. Mon adversaire!...
GEORGES. Le délégué du gouvernement!
GUINROUET, à part. Ah! comme je te rendrais bien la balle!
GEORGES. C'est ici qu'on nomme Guinrouet?
GUINROUET. C'est moi!
GEORGES. Vous avez accueilli, ici, deux personnes...
GUINROUET. Deux personnes...
MADAME DUTOUR. Oui, citoyen; c'est nous : moi, madame Dutour et lui, Jinchelot.
COLINCAMP. Oui, citoyen; moi, Jinchelot et elle...
GEORGES. Deux jeunes filles, deux demoiselles...
MADAME DUTOUR. Ce n'est pas moi, alors!...
COLINCAMP. Ni moi!...
GEORGES. Elles sont ici : l'une d'elles est mademoiselle de Montbarrois...
GUINROUET. C'est possible!...
GEORGES. Comment! c'est possible? ne la connaissez-vous pas?...
GUINROUET. Non, monsieur...
GEORGES. Vous ne connaissez pas la fille de votre maître, du propriétaire de cette métairie?
GUINROUET. Je l'ai vue enfant; voilà une bonne douzaine d'années...
GEORGES. Mais, puisqu'elle est entrée ici... vous vous taisez? faut-il que j'ordonne une perquisition? faut-il que j'emploie la force?
ARMAND. Ah! ce serait bien digne...
GEORGES. On ne vous parle pas à vous; taisez-vous!
ARMAND. Monsieur!
GUINROUET. Tais-toi; le maître ici, c'est moi... et je prends tout sur moi.
GEORGES. Obéit-on enfin?

### SCÈNE VIII
#### LES MÊMES, OCTAVIE, entraînant MADELEINE, *Elles paraissent tout à coup.*

ARMAND. Elles se livrent!
GUINROUET. Pauvres enfants!

GEORGES. Les voici ! c'est de la raison, à la bonne heure. (Il salue respectueusement.) Mesdemoiselles...
OCTAVIE, bas à Madeleine. Le danger est pour moi, je le réclame.
MADELEINE, de même. Attendons encore : attendons...
GEORGES, à part. Laquelle est-ce ?
ARMAND. Il est temps, mon oncle, que monsieur déclare le motif de sa visite : il faut de graves raisons pour violer le domicile d'un citoyen.
GUINROUET. Monsieur le délégué a dit, en entrant, qu'il venait au nom de la loi : qu'est-ce qu'elle me veut, la loi ?...
GEORGES. La loi de messidor an VII ordonne qu'en cas de trouble dans un département, il sera pris des otages dans les familles des émigrés ou ci-devant nobles, pour répondre de la conduite des autres. Des troubles ont éclaté dans ce département ; je viens, au nom de la loi, réclamer ici un otage.
OCTAVIE, à Madeleine. Vois-tu ?...
MADELEINE, de même. Silence !
GEORGES. Et, comme j'ai à entretenir mademoiselle de Montbarrois de sujets qui l'intéressent...
ARMAND, interrogeant les jeunes filles du regard. Il faut d'abord qu'elle consente...
GUINROUET. Ce n'est plus nous qui commandons ici, c'est la fille de notre seigneur. (Il fait signe à son fils de le suivre. — A madame Dutour et à Colincamp.) Allons, vous autres !
MADAME DUTOUR. On vous suit, mon oncle ! j'aime autant ça ; viens, Jinchelot, viens. (Ils sortent.)

## SCÈNE IX
### GEORGES, MADELEINE, OCTAVIE.

GEORGES. Laquelle de vous, mesdemoiselles, est mademoiselle de Montbarrois ! (Silence des deux jeunes filles.) Je commence par protester de mon respect et de mon admiration pour mademoiselle de Montbarrois ; j'ajoute que ma démarche a pour but de lui épargner la moindre persécution.
MADELEINE, à part. Est-ce quelque piège ?
GEORGES. Ce silence serait capable de décourager les plus bienveillantes intentions... je croyais pourtant m'être fait connaître. (Il regarde Madeleine.) J'espérais avoir réussi à persuader quelqu'un ici de ma sympathie, de mon dévouement.
MADELEINE, bas à elle-même. Oh ! si je m'appelais Octavie !...
OCTAVIE, à part. Me livrer, ce serait livrer mon père !...
GEORGES. Eh bien !... puisqu'on s'obstine à méconnaître la délicatesse que j'ai mise à prier, quand je pouvais donner des ordres ; puisqu'on me force à faire le mal, que je voulais prévenir... soit ; ce n'est pas moi qu'il faudra rendre responsable des conséquences. Je ne cherchais à connaître mademoiselle de Montbarrois que pour ménager son cœur, en écartant d'elle une triste épreuve qui la menace ; on ne m'a pas compris, je vais parler ; je le déplore ! J'apporte à la fille de M. de Montbarrois, des nouvelles de son père !
OCTAVIE. Ah ! des nouvelles ?
MADELEINE. Eh bien ?...
GEORGES. Le marquis, à la tête d'un détachement d'insurgés, a voulu enlever le fort Saint-Antoine...
OCTAVIE. J'étouffe !
MADELEINE. Et ?...
GEORGES. Il a échoué !...
MADELEINE. Eh bien ? monsieur ?...
GEORGES. Pris entre deux feux, écrasé par l'artillerie de nos bâtiments embossés dans la rade, le marquis et ses partisans ont succombé...
OCTAVIE. Succombé !
MADELEINE, à part. Elle se perd !...
GEORGES. A peine s'est-il échappé quelques fuyards obscurs !...
MADELEINE. Le marquis ?...
GEORGES. Il est mort !... (Octavie chancelle. — A part.) Serait-ce celle-là ?
MADELEINE, à part. Sauvons-la ! (Tombant sur un fauteuil.) Ah ! mon père !... mon malheureux père !...
GEORGES. C'est celle-ci ! celle que j'eusse choisie... au secours ! au secours !...

## SCÈNE X
### LES MÊMES, GUINROUET, ARMAND, MADAME DUTOUR et COLINCAMP.

GUINROUET, accourant. Qui appelle ?
ARMAND, de même. Évanouie !...
MADAME DUTOUR, donnant des soins aux jeunes filles. Les chères demoiselles !...
OCTAVIE, murmurant. Guinrouët !...

MADELEINE, avec explosion. Guinrouët ! ils ont tué mon père !
GUINROUET. Est-ce que c'est vrai, mon bon Dieu ?
GEORGES. Hélas !...
GUINROUET. Tué notre bon maître ! (Il chancelle.)
MADELEINE. J'en mourrai !... j'en mourrai !...
MADAME DUTOUR, à Colincamp. Dis-donc, Jinchelot, c'est drôle ! il y en a une qui crie et une qui souffre... est-ce que c'est celle-là que tu aurais cru la fille du marquis, toi ?...
COLINCAMP. Dame !... oui ; faut bien, puisqu'elle l'a dit !...
ARMAND, à Georges. Votre présence ici est-elle bien convenable en ce moment, monsieur ?...
GUINROUET. Monsieur est peut-être chargé de faire mourir aussi l'enfant ?...
GEORGES. Je n'ai, je le répète, que respect et dévouement pour mademoiselle de Montbarrois ; mais ma mission est de prendre ici un otage, je remplirai ma mission.
MADELEINE. C'est bien, monsieur ; merci, mes amis ; ma bonne compagne revient à elle.
MADAME DUTOUR. Oui, la chère enfant !...
MADELEINE, à Octavie Chère Madeleine !
OCTAVIE, faiblement à madame Dutour. Merci !
MADAME DUTOUR. Et pourquoi merci ? entre femmes, est-ce qu'on ne doit pas s'aider ? il faudrait n'avoir pas d' ça ! (A Colincamp.) T'as beau dire, j'aime mieux celle-ci !
MADELEINE, à Georges. J'ai quelques mots à dire à ma compagne ; j'espère qu'on ne s'y oppose pas !
GEORGES, à Madeleine à demi-voix. Éprouvez mon obéissance, éprouvez mon cœur !... je vais donner mes ordres et je reviens.
GUINROUET. Si la fille de mon pauvre seigneur a besoin du vieux Guinrouët, qu'elle parle.
ARMAND. Hardiment !
MADELEINE. Eh en !... peut-être...
ARMAND, à part, regardant Octavie. Celle-ci est pauvre, obscure... j'en suis fâché !... non, je crois que j'en suis heureux !
GUINROUET, sortant. Allons, fieu ! (Ils sortent faisant signe à madame Dutour et à Colincamp de les suivre.)

## SCÈNE XI
### MADELEINE, OCTAVIE.

MADELEINE, prenant Octavie dans ses bras. Allons, ranime-toi sous mes baisers ; reprends de la force aux battements de mon cœur.
OCTAVIE. Laisse-moi mourir...
MADELEINE. J'ai juré, tu t'en souviens, de rendre ce que j'ai reçu de la famille... le moment est venu : ma ruse a réussi, puisqu'ils m'acceptent pour otage à ta place ; bénissons Dieu qui te sauve, sans me compromettre !
OCTAVIE. Malheureuse !... Ils te feront payer...
MADELEINE. Rien ! ce dont il s'agit, c'est de te mettre, toi, hors de toute atteinte ; ne perds pas de temps... aussitôt que tu seras débarquée, saine et sauve, en Angleterre, la fausse grande dame, le précieux otage, redevient Madeleine Morel.
OCTAVIE. J'aurais la lâcheté d'accepter un pareil sacrifice ?...
MADELEINE. Et moi j'aurais celle de te sacrifier, quand je puis te sauver sans risque ? Sans doute, on va m'emmener, comme l'exige la loi ; mais toi, demeure ici, au milieu d'amis sûrs ; reste inconnue, reste, Madeleine, même pour ces braves gens ; il y a tant d'espions autour de nous !...
OCTAVIE. Que je t'abandonne à cet homme ?
MADELEINE. Je te répète qu'il n'est pas à redouter pour moi ; et, d'abord, je veux en obtenir un passe-port, avec lequel tu quitteras la France, me laissant la joie d'avoir tenu le serment fait à mon malheureux bienfaiteur.
OCTAVIE. Et toi, pendant ce temps, la prison, les souffrances...
MADELEINE. Allons donc ! le jour où il faudrait souffrir, je m'appelle Madeleine Morel ; mais sois tranquille, si je crains quelque chose, ce n'est pas sa colère !...
OCTAVIE. Je veux t'accompagner !
MADELEINE. Tu le trahirais ; tu serais perdue, tu me perdrais avec toi ; rappelle-toi ce que disait ton père : « Madeleine a l'énergie, la volonté ; c'est à elle de commander. »
— Obéis-moi ! les titres ! les papiers de famille ?...
OCTAVIE, lui donnant un portefeuille. Les voici ! Ah ! mon père adoré !... (Elle éclate en sanglots.)
MADELEINE. Vois-tu, vois-tu ! allons, obéis ; obéis, c'est lui !...

## SCÈNE XII.

Les Mêmes, GEORGES, GUINROUET, ARMAND.

GEORGES, respectueux. Me voici aux ordres de mademoiselle de Montbarrois.
MADELEINE. Je suis prête !
OCTAVIE, avec désespoir. Jamais !
MADELEINE. Allons, du courage, Madeleine !
GEORGES. Aurais-je accepté le rôle d'un persécuteur, d'un bourreau ?
MADELEINE. Tu entends ? rassure-toi ! Est-elle pâle ? à peine si elle se soutient ! Ah ! maître Guinrouët, ayez bien soin de ma Madeleine chérie ; je vous la confie... aimez-la.. protégez-la.
GUINROUET. Oui, mademoiselle...
OCTAVIE. Mon amie !...
MADELEINE. Quittons-nous !... (A Guinrouët.) Emmenez-la, vous dis-je. M. Armand, emmenez-la donc !...
GUINROUET, bas à son fils. Conduis toujours celle-là dans la cache. (A Madeleine.) Et vous, mademoiselle ?
MADELEINE. Moi, je pars !...
GUINROUET. Par Notre-Dame d'Auray ! vous n'êtes pas encore partie. (Ils sortent.)

## SCÈNE XIII

MADELEINE, GEORGES.

MADELEINE. Maintenant, monsieur, c'est moi qui attends ?...
GEORGES. Supposez-vous, mademoiselle, que j'arracherai d'ici ma prisonnière brutalement, dans un fourgon ou sur un cheval ? J'ai envoyé chercher, à la ville voisine, une calèche qui va venir ; vous y voyagerez sans fatigue et seule.
MADELEINE. Monsieur ?
GEORGES. Que votre compagne, une tête faible, une nature subalterne, que ces grossiers paysans me prennent pour une bête féroce, prête à vous dévorer ; j'en souffre... sans en être surpris ; mais vous, mademoiselle, une fille noble, vous vous connaissez en noblesse, vous n'avez jamais pensé qu'un des vôtres, un gentilhomme, pût manquer à ces devoirs qui lient l'une à l'autre les personnes de notre condition.
MADELEINE. Faut-il vous croire, monsieur ?
GEORGES. Serais-je à ce point malheureux ? Ah ! mademoiselle, le comte Georges de Bergerac a joué souvent sa vie pour se faire craindre d'un ennemi ; mais inspirer de la crainte à une femme, quand cette femme est vous ?
MADELEINE. Moi... pourquoi moi ?
GEORGES. Vous le demandez, vous que j'ai si obstinément, si ardemment cherchée ? vous, que j'allais enfin retrouver pour toujours, quand cette blessure m'enchaîna trois mois sur un lit de douleur.
MADELEINE. Vous étiez blessé ?
GEORGES. Pour vous !... et je bénissais mes souffrances ! Oui, vous étiez mon unique pensée pendant ces longues nuits de torture !... Je sauverai cette famille, me disais-je, dussé-je me perdre avec elle... Ces fonctions terribles que j'ai sollicitées, pour servir dans l'ombre une cause à laquelle je n'ai jamais renoncé, elles m'ont permis déjà de venir en aide à bien des infortunes ; elles serviront au salut de celle que j'aime, tout était prêt pour sauver votre malheureux père, sa fuite assurée, quand son aveuglement l'a précipité dans la fatale entreprise où il s'est englouti !... j'eusse donné ma vie pour sauver M. de Montbarrois ; mais je le jure, je sauverai sa fille !
MADELEINE. Tant de courage, de générosité...
GEORGES. Dites tant de dévouement et... tant d'amour ! Oh ! ne le sentez-vous pas, que vous êtes protégée, aimée, adorée ?...
MADELEINE. Aimée... adorée...
GEORGES. Octavie, vous connaissez mon secret : je vous appartiens. Voulez-vous que je vous laisse libre, au mépris de mon devoir ? vous resterez ici... craignez-vous de compromettre vos hôtes ?... trop de dangers vous menacent-ils en France ? Quittez-la France ; je vous en faciliterai les moyens. Non, non ! ne me dites pas que vous partirez seule... car vous emporterez mon âme avec vous ; si vous partez, je pars ! Oh ! bien séparé de vous, bien caché, bien inconnu : jamais vous ne soupçonnerez ma présence ! si vous ne demandez pas même la grâce de vous apercevoir.
MADELEINE. Vous partiriez ?
GEORGES. Avec bonheur !... d'ailleurs, pourrais-je rester sans danger pour ma vie ? Ceux que j'aurai trahis, en vous sauvant, ne me pardonneraient pas.
MADELEINE. C'est moi qui vous aurais perdu.
GEORGES. Qu'importe ! si vous me payez seulement d'un regret, d'un souvenir !
MADELEINE. Un pareil sacrifice pour une pauvre fille sans fortune, sans nom, car mon nom c'est un arrêt de mort... il faut que j'y renonce.
GEORGES. Savais-je votre nom, quand je vous ai vue la première fois, et que ce regard a décidé de toute ma vie ?
MADELEINE. Vous renonceriez à l'avenir, à la brillante carrière qui vous attend ?
GEORGES. Demandez-moi donc tout mon sang et toute mon âme !... Tenez, Octavie, nous partirons, nous fuirons aux colonies : j'y ai des amis puissants, une famille riche, qui vous offrirait asile, protection, et me bénirait de vous avoir conduite entre ses bras ! vous-même peut-être un jour... Oh ! pardonnez-moi, vous dis-je ; vous voyez que mon rêve allait jusqu'au délire, mais j'étais si malheureux ! si vous eussiez vu tout ce que j'ai souffert, vous n'auriez pas la force de me haïr !
MADELEINE. Vous haïr ?... ne le croyez pas !...
GEORGES. Ainsi, vous me confiez votre salut ?
MADELEINE. Oui.
GEORGES. Vous m'acceptez pour défenseur, pour ami ?
MADELEINE. Comptez sur ma reconnaissance.
GEORGES, à part. J'ai réussi !
MADELEINE, à part. Quel rêve !... (Bruit au dehors.) Qu'y a-t-il ?

## SCÈNE XIV

Les Mêmes, GUINROUET, Paysans armés, puis ARMAND.

Des paysans armés paraissent au fond, en dehors, et pénètrent dans la salle par toutes les issues.

GEORGES. La voiture sans doute, et mon escorte... Qu'est cela ? Que veut-on ?...
GUINROUET Monsieur le délégué, mais c'est donc vrai que vous emmenez mademoiselle de Montbarrois ?
GEORGES. Comme otage... sans doute ! (Autres paysans qui paraissent.) Encore ! que veulent tous ces gens armés ?
GUINROUET. Ce sont les gars qui demandent ce que ça veut dire, un otage ; ils ne comprennent point.
GEORGES. L'otage répond pour tous.
GUINROUET. Ah ! c'est bien ce que je leur ai dit ; voilà pourquoi ils sont venus, parce qu'il ne veulent point que la fille de notre seigneur réponde pour personne, puisque le pauvre seigneur a déjà payé !
GEORGES. Ils s'exposent... savez-vous bien à quel châtiment ?
GUINROUET. Il n'y aura point de châtiment ; car vous nous servirez d'otage : nous vous arrêtons ici...
MADELEINE. Mon Dieu !
GEORGES. A moi, mon escorte !...
GUINROUET. Inutile d'appeler, regardez !... (Les paysans le couchent en joue.)
GEORGES. Misérables !
GUINROUET. Allons, rendez-vous ou vous êtes mort !...
ARMAND, accourant. Mon père, mais c'est de la folie !
GUINROUET. Silence, fieu ! (A Madeleine.) Mademoiselle, vous êtes libre !
MADELEINE. Pour vous perdre tous, pour attirer sur vous d'horribles représailles, pour me perdre moi-même, moi que vous voulez sauver ! Allons, maître Guinrouët, bas les armes !
GUINROUET. Que voulez-vous donc, mademoiselle ?
MADELEINE. Je veux obéir ; je pars !
GUINROUET. Vous ?
MADELEINE. Bas les armes, Guinrouët et livrez-nous passage.
GEORGES, à part. Aussi brave que belle !... J'ai vraiment trop de bonheur !...
MADELEINE, à Georges. Montrez-moi le chemin, monsieur, partons !... (Les paysans ont relevé leurs armes ; ils se rangent et se découvrent devant Madeleine qui, après avoir fait passer Georges, le suit.)

## ACTE DEUXIÈME

### DEUXIÈME TABLEAU

Le cabinet de Bergerac. — Portes au fond et sur les côtés. — Un bureau avec écritoire et papier. — Cheminée. — Fenêtre sur la droite. — Fauteuils.

### SCÈNE PREMIÈRE

MADAME DUTOUR, COLINCAMP, PINÇARD.

PINÇARD en livrée, à la porte du fond, voulant empêcher madame Dutour et Colincamp d'entrer. Mais non!... mais non!... que je vous dis ; on n'entre pas comme ça dans le cabinet de mon maître...

MADAME DUTOUR, le faisant pirouetter. Tais-toi donc, citoyen domestique... On n'entre pas?... tu vois bien qu'il si, pis'que nous y v'là! Colas!...

PINÇARD. Vous y v'là, par la force brutale. Mais quèque c'est donc qu' ces manières-là, s'il vous plaît?... Quand on vous dit que M. de Bergerac n'y est pas, il me semble que ça doit vous suffire, sans vous permettre une visite domiciliaire... incongrue...

COLINCAMP, qui s'est avancé. Où est-il?...

PINÇARD, se révoltant. Ah çà! je vous trouve plaisant... vous; de me demander ousqu'il est?... Est-ce que ça vous regarde?... Est-ce que je suis l'espion de mon maître?... Est-ce que je surveille ses actions... est-ce que... pour qui me prenez-vous?...

COLINCAMP, lui prenant le bras et le forçant à le regarder. Où est-il?...

PINÇARD, après l'avoir envisagé, reconnaissant Colincamp. Ah! ah!... (Se troublant.) Mossieu!... je ne savais pas... j'ignorais... je suis à vos ordres!...

MADAME DUTOUR, à part. C'est drôle! Ce satané Jinchelot, il a une manière de regarder le monde qui leur fait sortir la parole de l'estomac, comme un tire-bouchon !...

COLINCAMP, froidement. Eh bien?...

PINÇARD, très-humblement. Eh bien, mossieu, mon maître, qui avait amené mystérieusement hier de la campagne, une jeune belle dame, ma foi !...

COLINCAMP. Je le sais.

PINÇARD, étonné. Ah!...

MADAME DUTOUR, avec importance. Nous le savons!...

PINÇARD. Ah!...

COLINCAMP, avec impatience. Après?...

PINÇARD, troublé. Après... après... mon maître s'est rendu ce matin à la maison commune pour parler... à ce que j'ai vu... attendu que je l'avais suivi en tapinois... sans avoir l'air de rien... pour parler avec le municipal... mais ce qu'ils ont dit... je ne vous le dirai pas, parce qu'ils ont eu la petitesse de parler bas...

COLINCAMP. C'est bien!...

MADAME DUTOUR. Alors, puisqu'il n'y est pas...

COLINCAMP. Tu diras, au citoyen Bergerac, que madame Dutour...

PINÇARD. Madame Dutour!... attendez donc!... ah! tiens!... mais c'est vrai!... je vous remets... du *Plat-d'Étain*!

MADAME DUTOUR. Comme tu dis! du *Plat-d'Étain*!... que madame Dutour est venue pour lui parler!... et des grosses dents!...

PINÇARD. Madame Dutour, seulement?...

COLINCAMP. Tu pourras ajouter; avec son cousin Jinchelot.

PINÇARD, étonné. Jinchelot... vous?... *Gugus* !...

COLINCAMP, appuyant. Oui, Jinchelot !... *Gugus* !... et préviens-le qu'elle reviendra.

MADAME DUTOUR. Oui, que je reviendrai !...

PINÇARD. Rien de plus?...

COLINCAMP, appuyant. Rien de plus !...

MADAME DUTOUR. Rien de plus !... Entends-tu... joufflu?...
(Elle lui donne un petit soufflet et sort avec Colincamp.)

### SCÈNE II

PINÇARD, seul et regardant les deux personnages s'éloigner par la porte du fond. Très-bien, madame, très-bien, mossieu! très-bien. Vot' serviteur! à l'honneur... (Fermant la porte du fond.) Diable d'homme!... C'est toujours quand on ne l'attend pas, qu'on l'a sur les bras!... J'en ai encore le frisson...

### SCÈNE III

PINÇARD, BERGERAC, UN OFFICIER, tandis que Pinçard parle, Bergerac est entré par une porte latérale.

BERGERAC. Que faites-vous ici ?...

PINÇARD, surpris. Ah! mossieu! mossieu! c'est que... c'est que... il est venu une madame Dutour...

BERGERAC. Madame Dutour?...

PINÇARD. Avec son cousin Jinchelot. (A part.) C'est comme ça qu'il s'intitule. (Haut.) Une grosse... pas mal belle femme !... qui voulait parler à mossieu... au reste, mossieu la verra, elle reviendra...

BERGERAC, s'assied près du bureau et écrit. Allez prier, de ma part, mademoiselle de Montbarrois de vouloir bien se rendre ici...

PINÇARD. Oui, mossieu!... (A part.) Ah! c'est mademoiselle de... (Bergerac le regarde.) Oui, mossieu!... (Il sort.)

### SCÈNE IV

BERGERAC, UN OFFICIER.

BERGERAC. Encore une prise d'armes, dont le prétexte est l'enlèvement de mademoiselle de Montbarrois! Encore un combat des prisonniers faits par Colincamp, qui me les envoie !... Pourquoi a-t-il fait des prisonniers? (Il écrit. — A l'officier.) Vous connaissez, monsieur, l'importance de l'ordre que je vais vous donner... Vous mettrez, je l'espère, à l'exécuter, toute l'exacti ude que la nécessité vous commande. (L'officier s'incline. Bergerac s'est levé et remet un papier à l'officier.) Voilà ! — Que ces prisonniers me soient amenés ici, sans éclat, sans scandale... j'attends votre prompt retour...
(L'officier salue et sort.)

### SCÈNE V

BERGERAC, puis MADELEINE.

BERGERAC, se promenant avec agitation. Rude et terrible tâche !... mais il faut en finir. Il est temps que mon avenir se décide. C'est encore un pas à franchir... je le franchirai !...

PINÇARD, sortant de la chambre à droite et annonçant. Mademoiselle de Montbarrois. (Il sort par le fond.)

MADELEINE, entrant par la porte de droite. Vous m'avez demandée, monsieur!

BERGERAC, prenant un air riant. Oui, mademoiselle ; je vous ai priée de venir dans ce salon, ne voulant pas me permettre d'entrer dans votre appartement... bien qu'aujourd'hui, une pareille liberté pût-être autorisée.

MADELEINE. Comment?...

BERGERAC. Vous m'avez permis d'espérer notre prochaine union...

MADELEINE, avec une joie contenue. Oh !...

BERGERAC. L'officier municipal est à mes ordres... Il se prêtera aux exigences de votre position... il a facilement compris combien elle est délicate. La protection d'un étranger, d'un homme jeune encore, est trop compromettante pour la réputation de mademoiselle de Montbarrois ; quel autre protecteur qu'un époux?... et, pourtant, dans les tristes circonstances où nous sommes, il importe à la fille du marquis de Montbarrois de ne pas rendre public son mariage... Rassurez-vous donc, fiez-vous à ma délicatesse dévouée ; toutes les précautions seront prises, autant que la loi le permet, pour entourer de mystère notre union qui, si vous le permettez, pourrait avoir lieu demain matin...

MADELEINE. Demain !...

BERGERAC, tirant de sa poche un portefeuille qu'il dépose sur le bureau. Les titres et papiers de famille que vous m'avez donnés ont aplani toutes les difficultés... ainsi donc, demain mon bonheur... et, j'ose l'espérer, le vôtre seront assurés...

MADELEINE. Oui, monsieur, le mien aussi, j'en suis certaine!... n'ai-je pas consenti librement à vous donner ma main?... tenez, je ne crains pas de vous l'avouer, monsieur, Combien j'aurais souffert de votre indifférence !...

BERGERAC, avec passion. De l'indifférence, pour vous?... (La conduisant devant une glace.) Regardez dans cette glace, ma belle Octavie, et dites vous-même si l'indifférence est possible auprès de tant de charmes ! (Il lui baise la main.)

MADELEINE. Oh ! il m'aime !... il m'aime ! (On entend dehors un commandement militaire.)

BERGERAC, redevenant sec et soucieux. Maintenant, chère Octavie, veuillez rentrer dans votre appartement... (Mouvement de Madeleine.) Croyez qu'il m'en coûte de me séparer de vous, même pour un instant... mais il le faut... renfermez-vous... ne sortez à aucun bruit...

MADELEINE. Vous me faites frémir !...

BERGERAC. Oh ! calmez-vous !... c'est l'heure de mes audiences, de mes jugements... j'ai un grave devoir à remplir...
MADELEINE. Mon Dieu, monsieur, que se passe-t-il donc ?... je vous vois bien agité !... quelque danger, vous menacerait-il ?
BERGERAC, sombre et préoccupé. Non !... non !... rassurez-vous, vous dis-je !... Mais voilà la vie à laquelle je suis condamné... souvent de tristes et cruelles résolutions à prendre... à faire exécuter... Je ne suis pas toujours heureux !...
MADELEINE. Oh !... n'arriverons-nous donc pas bientôt au terme de cette lutte !... ne romprez-vous jamais avec cette existence de colère et de haine ?... ah !... Georges, soyez bon et clément... ne vous faites pas trop d'ennemis !... pour trouver un jour le calme et le repos.
BERGERAC. Oui... oui... chère Octavie !... c'est mon vœu le plus ardent... le calme, le repos, le bonheur... avec vous, auprès de vous... c'est mon unique but... nous l'atteindrons... ayez confiance en moi... en mon amour et soyez sans crainte... (Il lui prend la main et la conduit vers la porte.)
MADELEINE, avant d'entrer. Je vous crois et vous quitte plus tranquille !... (Elle rentre. Georges ferme la porte.)

### SCÈNE VI

GEORGES, seul. Ils vont venir, ces hommes incorrigibles !... que je croyais anéanti à jamais... mes anciens compagnons de révolte. J'ai marché dans leurs rangs... puis je les ai quittés, reniés, décimés, et me voici leur juge... leur seul juge... je vais avoir à prononcer sur leur sort !... oh ! s'ils pouvaient me garder le secret et me demander la vie !... si je pouvais les sauver, sans me perdre ! j'essayerai... oui, de toutes mes forces !... Mais s'ils résistent ?... s'ils menacent !... s'ils m'accusent ?... et que le bruit de ma trahison vienne aux oreilles d'Octavie ? S'ils sont aussi jaloux que mademoiselle de Montbarrois me fuie avec horreur ?... alors, qu'ils disparaissent, qu'ils emportent avec eux mon secret... dans un éternel silence. (Après une longue rêverie, il prend une lettre sur son bureau.) Pris par Colincamp, qui me les envoie !... Que fait donc autour de moi ce Colincamp, cet agent mystérieux du Directoire, dont on m'a signalé l'arrivée dans le pays et qui n'est pas encore venu se mettre sous mes ordres !... Cet homme infatigable, habile, qui se transforme et se multiplie, se trouve partout, excepté près de moi, où il devrait être !... on dirait que l'on m'isole pour savoir ce dont je suis capable !... on l'a pourtant déjà su !— Le Directoire est exigeant avec moi, et me demande toujours des preuves... il en aura !... (Tumulte au dehors, il écoute.) Voici les prisonniers... on les amène !... oui, il faut les sauver tous et les ramener... il le faut... je les toucherai, je les fléchirai... je les convaincrai. Fût-ce par la terreur... il faut que j'anéantisse à tout jamais la révolte... et mes craintes... (Il va ouvrir la porte du fond à deux battants. On voit dix gentilshommes vendéens prisonniers, un peloton de dragons et un officier.

### SCÈNE VII

GEORGES, PRISONNIERS VENDÉENS, UN OFFICIER, SOLDATS.

GEORGES, aux prisonniers. Entrez, messieurs !... (Les prisonniers entrent.) Que l'escorte descende dans la cour de l'hôtel... (A l'officier.) Vous, monsieur... (Il lui parle bas; puis haut.) Vous connaissez mes pouvoirs, vous avez mes ordres, attendez !... (Le capitaine emmène l'escorte, Georges referme la porte du fond.)

### SCÈNE VIII

GEORGES, LES PRISONNIERS.

GEORGES. Eh bien !... messieurs, vous le voyez... je suis seul au milieu de vous... sans crainte... je me livre à vous, sans réserve : imitez-moi...
UN PRISONNIER. C'est que, je le sais bien, Bergerac, nous ne sommes pas, comme toi, des assassins... que veux-tu de nous?
GEORGES. Je veux vous sauver...
LE PRISONNIER. Quelle foi peut-on ajouter à tes paroles ?... Ne nous as-tu pas déjà trahis ?... sur les promesses de pacification, chacun de nous était rentré chez lui ; n'est-ce pas toi qui, par de nouvelles persécutions, nous a forcés à reprendre la campagne ? puis à nous réunir au château de Montbarrois, où tu nous attendais, pour t'emparer de nous traîtreusement ?... n'est-ce pas toi qui as tendu le piège où nous venons de nous prendre ?... Nous avons résisté !... c'est ce que tu voulais... tu as massacré mes amis, les tiens !... Bourreau de ta caste !... tu as au front le sang de ce brave Montbarrois, le meilleur de nous tous !
GEORGES. Oublions un passé déplorable, acceptez ce que je viens vous offrir...

LE PRISONNIER. Pactiser avec toi ?... Jamais !... gentilshommes français, nous avons combattu comme soldats du roi, le désordre et l'anarchie... aujourd'hui, si nous étions libres, nous pourrions traiter avec un ennemi loyal : qu'on nous envoie un soldat comme nous ; mais trahis, menacés, prisonniers, nous refusons...
GEORGES. Même votre grâce ?
LE PRISONNIER. On offre leur grâce aux coupables; nous ne le sommes pas... C'est à toi d'implorer la clémence de Dieu, qui t'a vu et qui t'a jugé !...
GEORGES, haletant. Vous voulez donc me forcer à prononcer sur vous, à vous condamner !... Eh bien, non !... vous êtes libres !... maîtres de votre sort... C'est vous-mêmes qui en déciderez... mes bras vous sont ouverts sans conditions... vous n'aurez pas même une parole à dire !... la mort est de l'autre côté de cette porte. Ceux qui resteront ici, près de moi, sont absous et sauvés... eh bien... les autres ne s'en prendront qu'à eux seuls... ils l'auront voulu... (Tous les prisonniers se dirigent vers la porte sans dire un mot.)
GEORGES, épouvanté. Quoi, tous ?...
LE PREMIER PRISONNIER. Oui... tous !
LES PRISONNIERS. Tous !
GEORGES. Réfléchissez !...
LE PRISONNIER. Adieu !...
GEORGES. Je vous en prie !...
LE PRISONNIER. Adieu !...
GEORGES, se jetant à genoux. Je vous supplie... à genoux !... pardonnez-moi !...
LE PRISONNIER. Non... traître !...
TOUS. Traître...
LE PRISONNIER. Non, lâche !
TOUS. Lâche !
LE PRISONNIER. Non, infâme !...
TOUS. Infâme !... (Ils ouvrent les portes, et sortent.)

### SCÈNE IX

GEORGES seul, accablé. Tous !... tous !... ah ! malheureux que je suis !... Oh ! tant de sang !... de sang généreux !... (Il se relève.) Ce sont les dernières convulsions de la révolte expirante... c'est la fin de toutes mes terreurs... Tout est fini !... (Long silence, il essuie son front baigné de sueur. — Agitation. — Une détonation se fait entendre au loin.) Tout est fini !... Plus de traces... plus de témoins accusateurs !... voilà ma tâche terminée... je m'appartiens... Je suis à moi... je romps avec ce passé fatal... oublié... riche... heureux !... et je le serai... (Prenant le portefeuille, et en tirant des papiers.) Ces titres, ces renseignements me l'assurent... C'est un million au moins... ces domaines dont je saurai arrêter la vente... et que je ferai rendre à ma femme. Si j'en crois ces lettres adressées à mademoiselle Octavie de Montbarrois par son père, une somme importante, en numéraire, aurait été soustraite par le marquis, et le lieu où elle est déposée serait connu d'Octavie seule...

### SCÈNE X

GEORGES, PINÇARD, MADAME DUTOUR.

PINÇARD, annonçant. Madame Dutour !...
GEORGES. Ah !...
PINÇARD. La grosse... vous savez !...
GEORGES. Que peut me vouloir cette femme ?... qu'elle entre !...
MADAME DUTOUR, qui s'est avancée. C'est fait !...
PINÇARD, étonné. Eh bien ?... pas gênée...
MADAME DUTOUR. J' suis comme ça...
PINÇARD. J' vous avais dit d'attendre...
MADAME DUTOUR. J'attends jamais !... l'antichambre est pour les laquais, entends-tu, bénêt...
PINÇARD, se révoltant. Ah ! mais !... oh ! mais... (Georges lui fait signe de sortir, il sort en grommelant.)

### SCÈNE XI

GEORGES, MADAME DUTOUR.

MADAME DUTOUR, faisant une révérence. Bonjour, monsieur de Bergerac...
GEORGES, saluant à peine. Madame...
MADAME DUTOUR. Vous devez me reconnaître !... Vous m'avez vue là-bas à la métairie de mon oncle Guinrouët... un brave homme !... il ne vous aime guère... mais un brave homme tout de même !... vous ne savez pas ce qui vous procure l'avantage de me voir ?...
GEORGES. Nullement... et je vous avoue que je suis assez peu curieux de le savoir...

MADAME DUTOUR. Voici la chose... (Elle lui remet une grande feuille de papier timbré.)
GEORGES, la prenant avec dédain. Qu'est cela ?... un mémoire ?...
MADAME DUTOUR. La carte à payer, mon bon !...
GEORGES, après avoir lu. Est-il possible !... Comment !... vous me réclamez quatre-vingt quinze mille...
MADAME DUTOUR. Trois cents livres, dix-sept sous... il ne faut pas dédaigner les sous, mon chou ; c'est de la graine de louis d'or !... Eh bien, quéque vous répondez à ça ?
GEORGES. Encore faudrait-il me faire connaître en vertu de quels titres ..
MADAME DUTOUR, l'interrompant. Trop juste !... on ne joue pas à colin-maillard avec les écus !... (Tirant d'un grand ridicule une liasse de papiers.) Tenez, soyez content, l'enfant !... voilà d'excellents billets !. quand je dis : excellents!... ils ne l'ont pas toujours été. (Voyant que Bergerac a examiné les papiers.) Oh ! c'est en règle, allez... tous les huissiers de France y ont passé, rien n'y manque, depuis le *protêt* jusqu'à la *prise de corps, inclusivement*. Bertrand !... n'y a plus qu'à jouer du pouce !...
GEORGES, atterré. Mais comment tous ces effets se trouvent-ils ainsi réunis dans une seule main ?...
MADAME DUTOUR, riant. Ah ! ah ! ah ! ah ! C'est drôle, pas vrai ?... et vous ne vous y attendiez guère...
GEORGES. J'en conviens !..
MADAME DUTOUR. C'est une idée de Jinchelot ?...
GEORGES. De Jinchelot ?...
MADAME DUTOUR. De mon Jinchelot... mon cousin... mon futur ?...
GEORGES. Ah ! ah !...
MADAME DUTOUR. Elle est bonne, pas vrai !... Il est malin comme un singe, ce chrétien-là !...
GEORGES. Eh ! pourquoi M. Jinchelot s'est-il attaché à accaparer ainsi mon papier ?...
MADAME DUTOUR s'assied. J' vas vous dire : Jinchelot a le nez fin ; il aura fluré qu'un homme de votre mérite devait un jour ou l'autre parvenir à quelque chose de beau et de bon... comme un riche mariage, par exemple, et qu'ainsi, tôt ou tard, on ne perdrait rien avec lui...
GEORGES, inquiet. Vous croyez que c'est là le seul motif ?...
MADAME DUTOUR. Je le présuppose.
GEORGES. Eh bien, je vais me mettre en mesure de vous satisfaire... promptement...
MADAME DUTOUR. Promptement ?... Pourquoi pas tout de suite ?... Oh ! je ne suis pas pressée, monsieur de Bergerac... à demain matin... je ne suis pas pressée... Mais n'envoyez pas plus tard que midi... voyez-vous !... ou, ma foi, nous vous ferons exécuter !... Vous entendez ? exécuter !... Je ne suis pas pressée !... à demain matin !... (Elle sort.)

## SCÈNE XII

GEORGES, seul. Quel démon a suscité ces gens-là contre moi ?... Une prise de corps !... un éclat, un scandale !... au moment de ce mariage ! au moment où j'attends la visite d'un des membres du Directoire !... Laisser se répandre le bruit de ces misérables dettes, que j'ai perdues... il faut les éteindre à tout prix... Eh bien, n'y a-t-il pas cette mystérieuse somme dont mademoiselle de Montbarrois seule connaît le secret !... Allons, je suis sauvé... elle me la livrera...

## SCÈNE XIII

GEORGES, MADELEINE. On entend frapper à la porte de droite.
GEORGES, avec joie. Ah !... la voici !... (Il va ouvrir.)
MADELEINE, se présentant timide. Pardon, monsieur ; je viens vous interrompre... malgré vos recommandations...
GEORGES. Vous êtes toujours la bienvenue...
MADELEINE. Je voulais vous demander. si vous aviez envoyé, à la métairie de Guinrouët, le passe-port, pour l'Angleterre, de... ma compagne ?...
GEORGES. De Madeleine Morel ?
MADELEINE. Oui.
GEORGES. Je ne l'ai point oublié ! elle l'a reçu depuis quelque temps, et elle doit être partie maintenant...
MADELEINE. Ah !... elle est partie... Je vous remercie et je me retire...
GEORGES, la retenant. Non !... non... restez, je vous en prie...
MADELEINE. Êtes-vous donc enfin plus calme ?...
GEORGES. Votre présence apporte toujours la paix et le bonheur... Puisse la mienne vous apporter un peu de joie et de consolation !... Puissé-je, quelques moments, vous faire oublier ce deuil, si douloureux !...
MADELEINE. Oh ! monsieur Georges...
GEORGES. Je comprends vos regrets... mais je vous le jure, vous retrouverez en moi toute la tendresse, tout le dévouement de ce bon père... Il vous aimait beaucoup ?...
MADELEINE. Sa fille était dans ce monde tout pour lui...
GEORGES. Il avait en vous une confiance entière...
MADELEINE. Dans quel autre cœur eût-il pu déposer ses secrets ?...
GEORGES. Votre cœur est si noble et si délicat... ses secrets... il pouvait bien vous les confier !... vous savez garder un secret, vous !...
MADELEINE. Oui...
GEORGES. Je l'ai bien vu, en parcourant les papiers de famille que vous m'avez remis... Il y a surtout une lettre... fort belle !... fort touchante, dans laquelle il vous parle... vous savez ?... de cette réserve... de cette somme... assez considérable... vous vous souvenez ?... qu'il a, dit-il, amassée depuis longtemps, pour une destination toute particulière... Est-ce qu'il vous déplaît que je parle de cela ?...
MADELEINE, intriguée. Mais... non !...
GEORGES. Oh ! je sais que, dans une autre lettre... non moins tendre... il vous recommande de ne révéler à personne ce qu'il vous a confié, au sujet du mystérieux endroit, où il a caché cette somme... mais moi qui, demain, dois être pour vous ce que vous étiez pour votre père, le dépositaire de vos pensées... de vos secrets... j'ai cru...!
MADELEINE, presque tremblante. Je vous assure que j'ignore ce que vous vouliez dire...
GEORGES légèrement, presque gaiement. Allons donc, c'est impossible !...
MADELEINE. Comment ?...
GEORGES, de même. Sans doute !... si vous l'ignoriez... si vous ignoriez les secrets de mademoiselle de Montbarrois... mais... songez-y donc bien... voyez ce que vous me donneriez à penser !...
MADELEINE, à part. C'est vrai, mon Dieu !...
GEORGES. Ainsi donc, vous savez... et vous allez me dire...
MADELEINE. Monsieur, je vous jure...
GEORGES, devenant sérieux. Assez !... point de protestations inutiles... épargnez-moi l'outrage, épargnez-vous l'imposture... (Lui remettant deux lettres qu'il a prises sur le bureau.) Ces lettres, les voici : elles vous sont adressées. « A mademoiselle Octavie de Montbarrois. » Vous les avez lues, puisqu'elles sont décachetées. Elles parlent, comme je vous l'ai dit, d'une somme considérable cachée par votre père. Il vous a révélé le lieu de ce dépôt, à l'insu de tout le monde, même de votre compagne, de Madeleine Morel, au moment de votre séparation...
MADELEINE, comprenant. Ah !... (A part.) En la quittant, il lui a parlé bas !... C'est le secret qu'il lui a révélé...
GEORGES, observant Madeleine qui courbe la tête et se tait. Vous vous taisez encore ?... n'en parlons plus, mademoiselle. — Oh ! n'en parlons jamais...
MADELEINE. Mais, monsieur, qu'importe cet argent ?...
GEORGES, avec impatience. Eh ! mon Dieu, oui, l'argent importe peu... C'est le procédé... en lui-même, qui me blesse !... Je ne suis pas votre mari, c'est vrai... mais vous me fuisiez l'honneur, il n'y a qu'un moment, de me déclarer que vous m'aviez choisi, que vous m'aimiez... Celui qu'on aime, celui à qui l'on confie sa personne, son bonheur et sa vie... on pourrait peut-être ne pas s'en délier, comme d'un premier venu ..
MADELEINE. Oh ! monsieur, pouvez-vous le penser ?
GEORGES, avec une fureur croissante. Pourquoi non ?... que sait-on ?... je puis en abuser, vous tromper.
MADELEINE. Oh ! Georges, une pareille idée !...
GEORGES, toujours plus exaspéré. C'est la mienne... vous m'avez déchiré le cœur par cette défiance ! vous m'avez outragé à ce point, mademoiselle, que je vous le déclare, je n'épouserai jamais la femme qui m'a fait une pareille injure avant qu'elle l'ait réparée... Adieu !...
MADELEINE. Georges !...
GEORGES. Adieu ! (Il sort.)

## SCÈNE XIV

MADELEINE, seule. Georges !... Georges !... il ne m'écoute pas !... il est offensé... C'est ma confiance qu'il demande, et je ne puis lui répondre... Oui, je m'en souviens, le marquis a parlé bas à Octavie... Cet argent caché, c'est cela qu'il lui disait... (Feuilletant les lettres.) Rien !... rien ! Et je ne sais... je ne puis savoir !... Mais, mon Dieu... si je ne sais pas... je ne suis pas Octavie !... Tout mon édifice s'écroule... je ne suis plus qu'une faussaire !... Que faire à présent ?... avouer mon crime ?... jamais !... Il n'y a pas à hésiter. Courir à la métairie, trouver Octavie si elle y est encore... lui arracher son secret !... mais si elle est partie !... (Avec désespoir.) Eh bien, alors, mourir !... car le mépris de Georges me tuerait... Allons !... (Elle sort en courant.)

## TROISIÈME TABLEAU

**Métairie de Guinrouët à l'extérieur.**

La maison, à droite, avec escalier extérieur ; à gauche, grenier ; une échelle, au fond, la campagne, — instruments d'agriculture, en scène : une charrette pleine de paille. — Le jour paraît.

### SCÈNE PREMIÈRE

GUINROUET, UN MÉDECIN; ils sortent de la maison.

GUINROUET. C'est bien humain à vous, notre docteur, de vous être dérangé la nuit, aussi loin, pour venir panser mon égratignure.

LE MÉDECIN. Pour vous et les vôtres, Guinrouët, ne suis-je pas toujours prêt ?

GUINROUET. On ne vous a pas vu entrer ; voilà le petit jour, vous allez pouvoir remonter à cheval et gagner la route sans qu'on vous voie partir : personne n'est levé ici.

LE MÉDECIN. Allons, bon courage, tout ira bien !

GUINROUET. Ce n'est donc pas encore cette fois que j'irai rejoindre notre cher maître ? Ah ! que n'a-t-il mon mal et moi le sien ! Mort ! il est mort ! je ne peux pas m'en ravoir !... Bon ! voilà mademoiselle Madeleine qui éteint sa lumière... Pauvre jeunesse ! toute la nuit j'ai vu son ombre qui se promenait sur les rideaux : celle-là est plus malade que moi.

LE MÉDECIN. Vraiment ! Qu'a-t-elle donc ?

GUINROUET. Depuis le départ de mademoiselle de Montbarrois, pas un moment de sommeil, toujours en larmes et en prières ! et son passe-port va arriver d'un moment à l'autre, il faudra qu'elle parte dans cet état-là ! Ça me retourne, docteur, et mon pauvre fieu est quasiment fou ! Ah ! voyez-vous, notre docteur, les coups du plomb qui peut tuer un vieux loup comme moi, c'est le chagrin.

LE MÉDECIN. Guinrouët ! Guinrouët ! un pareil abattement n'est pas raisonnable ! soyez homme ! il faut vivre pour la fille de votre maître.

GUINROUET. Vous avez raison, faut qu'elle me trouve quand elle va avoir besoin moi ! Elle me trouvera... Quoi donc ? (il regarde vers le fond.) Eh mais, oui, on vient par là ! qui donc ? dans le brouillard ! Catherine ! elle est dehors ! elle était sortie ? elle n'est pas seule... son Jinchelot, peut être, qui revient de la ville et au-devant de qui elle aura été... Faut pas que ces espèces-là vous voient, notre docteur ; passez par là, derrière la haie, vous savez ? Merci ! c'est de cœur, vous savez !...

LE MÉDECIN, sortant. Oui ! oui ! adieu !

GUINROUET. Adieu !

### SCÈNE II

GUINROUET, seul. Ce mauvais sujet de Jinchelot, cette grosse pas grand-chose de Catherine... Mais ce n'est pas Jinchelot, qui est avec elle... Non... Eh ! eh !... lui ferait-elle déjà voir un tour ? je n'en pleurerais point, da... mais ils sont deux avec elle ! deux hommes, à la bonne heure !... Ils viennent par ici ; non ils la quittent... ils retournent à une voiture qui les attend... Qu'est-ce que ça signifie ? est-ce des espions, à qui elle donne des renseignements ? Ah ! ces Parisiens ! tout stratagème, quoi : faut voir ça.

### SCÈNE III

GUINROUET, MADAME DUTOUR.

MADAME DUTOUR, entrant par le fond. Rien à faire avec ces charabias-là... La moitié ! il leur faut la moitié !... sinon... ils me feront concurrence, une affaire que je découvre... Quand je dis, moi, que c'est Jinchelot qu'a eu l'idée... mais enfin, Jinchelot c'est moi... il leur faut moitié ? Chaudronnias ! Et ils viennent me relancer ici, au risque de se faire voir par mon oncle. (L'apercevant.) Ah ! c'est lui !

GUINROUET. Comme te v'la matinale !

MADAME DUTOUR, embarrassée. Mais oui, mais oui... je viens de faire un tour dans la campagne.

GUINROUET. Seule ?

MADAME DUTOUR. Il les a vus... Pas absolument, mon oncle. J'ai rencontré par hasard... Lastouillat.

GUINROUET. Hein ?... Lastouillat ? qué que c'est que ça ?

MADAME DUTOUR. Un ami à Jinchelot, à nous deux Jinchelot.

GUINROUET. Ça va sans dire, vous n'avez qu'une peau à vou deux. Et qu'est-ce qui veut, ce fariouillat ?

MADAME DUTOUR, hésitant. Mais... diantre !... y veut... fichre !... il venait pour l'affaire... C'est commode à lui dire.

GUINROUET, avec impatience. Quelle affaire ?

MADAME DUTOUR. Oh ! je sais bien que vous allez sauter... vous enlever !... vendre le bien du seigneur !... Tenez, v'là que vous moussez déjà.

GUINROUET. Oui ? C'est des biens seigneuriaux que tu parles ?... Tu vas en acheter un ? je comprends.

MADAME DUTOUR. Faut faire son état.

GUINROUET. T'étais... qu'est-ce que t'étais... Catherine ? Tapissière, fripière, cafetière ?...

MADAME DUTOUR. Tout, mon oncle, tout : je vends de tout, et j'achète de tout.

GUINROUET. Eh bien, tâche qu'il soit très-loin d'ici le bien que tu achèteras... très loin... je dis très-loin.

MADAME DUTOUR. Oui... en Russie... Compris, il ne l'avalera pas !

GUINROUET. J'ai mes idées, comme toi les tiennes. Ce qui est à toi est à toi, ce n'est pas à moi ; quand tu t'absentes, quand tu vas te promener... tu y vas souvent... tu laisses ici tes hardes, tes coffres ; moi, je ne fais pas vendre tes hardes aux enchères et je ne mets pas la main sur tes coffres, sous le prétexte que tu es sortie ? Tout le monde devrait en faire autant du bien de ceux qui sont absents.

MADAME DUTOUR. Ah ! faut savoir pourquoi ils sont absents ; vous entendez, mon oncle ?

GUINROUET. Faut pas être curieux !

MADAME DUTOUR. La Nation a droit de chercher...

GUINROUET. La Nation ?... connais pas.

MADAME DUTOUR. Enfin, voyons : le citoyen qui émigre...

GUINROUET. On ne peut plus voyager ?

MADAME DUTOUR. Sont-ils abrutis dans les campagnes !

GUINROUET. Tu ne m'as pas toujours dit où il est, ton bien seigneurial ?

MADAME DUTOUR. Eh bien, c'est dans la province, la... C'est dans le canton... et, ma foi, mon oncle, faudra toujours que vous le sachiez, c'est le château... c'est le château, tiens !

GUINROUET, éclatant. Le château de notre seigneur, Catherine ?

MADAME DUTOUR. Le mot est lâché !

GUINROUET. Tu achèteras Montbarrois ?... ah ! mais, toute petite... tu gardais les vaches, nu-pieds ; tu rôdais autour du château pour admirer les grands rideaux de soie et voir reluire les dorures... tu trottais comme une souris, pour grignoter une miette de biscuit aux cuisines, et tu serais aujourd'hui dame de Montbarrois !

MADAME DUTOUR, riant. Moi ! ah ! bien oui ! je n'ai pas d'orgueil, moi... non, non, pas si bête... j'ai d' ça ; c'est pas comme cette mijaurée...

GUINROUET. De qui qu' tu parles ?

MADAME DUTOUR. Pardine, j' parle...

GUINROUET. De la fille de notre bienfaiteur ?

MADAME DUTOUR. Une mijaurée, je l'ai dit... elle l'est et j'aime encore mieux vendre la vieille ferraille, que de faire ce qu'elle fait, votre princesse...

GUINROUET. Ce qu'elle fait ! qu'est-ce qu'elle fait ? qu'est-ce qu'elle fait ?

MADAME DUTOUR Suffiсit !

GUINROUET. Tu calomnies, maintenant, serpent !

MADAME DUTOUR, se rebiffant. Eh ! mon oncle !

GUINROUET. Eh bien, ma nièce !

MADAME DUTOUR. Au moins y a de l'honneur ici... y a de ça !

GUINROUET. Et mademoiselle de Montbarrois n'a pas d'honneur ?

MADAME DUTOUR. J'aime mieux le croire que d'y aller voir.

GUINROUET. Catherine, si ton Jinchelot était là, près de toi, je lui casserais volontiers les reins.

MADAME DUTOUR. Quoi qu'il vous a fait, c't agneau ?

GUINROUET. Ah ! tu viens de Paris pour tout bouleverser chez nous ? Ah ! tu achètes des biens seigneuriaux, toi ? ah ! tu oses parler de notre demoiselle !...

MADAME DUTOUR. Tiens ! faut peut-être se gêner.

GUINROUET. Oui, tant que tu seras en ma présence, à moi, le maître d'ici, faut te gêner T'outrages tout ce que j'aime et tu méprises tout ce que j'honore ! mais t'es habituée à ne pas te gêner, toi, depuis longtemps... Aussi... ne te gêne point... c'te maison ne peut plus te convenir... ne te gêne point, je ne te retiens pas.

MADAME DUTOUR. Vous me renvoyez ?

GUINROUET. Comme tu dis.

MADAME DUTOUR. Et Jinchelot aussi ?

GUINROUET. Surtout Jinchelot... avant tout, Jinchelot.

MADAME DUTOUR. Votre neveu ? la fille de votre sœur ?

GUINROUET. Assez de mauvaise graine dans nos bandes.

MADAME DUTOUR. Pour c'te bégueule !

GUINROUET. Encore !

MADAME DUTOUR. C'te sans cœur !
GUINROUET. Tu n'es pas partie ?
MADAME DUTOUR. Oui, c'te sans cœur, quoi... une fille en deuil, qui court les rues, le soir, avec un Bergerac.
GUINROUET. Tonnerre du ciel ! (Il saisit une faux.) Veux-tu que je te coupe en deux !
MADAME DUTOUR. C'est bon !... c'est bon ! vous me chassez, j' m'en vas. Oh ! les parents, la famille... on s'en va... moi, qui venais leur changer leur pain bis en brioche; moi qui apportais dans leur niche du vin... du sucre !... moi qui voulais faire ici ma noce avec Jinchelot... finir mes jours au pays... et manger mes petits louis avec eux; sauvage ! vous êtes un sauvage, mon oncle; on s'en va ! (Elle pleure.) Dame, ça suffoque ; quand on a de ça ; oui, vous verrez qu'on a de ça... Mais y sera trop tard ! sauvage ! (Elle rentre dans la maison en pleurant.)
GUINROUET. Il n'y avait pas assez de misère ici... non... mademoiselle de Montbarrois, avilie par cette malheureuse... déshonorée par ses lâches propos... C'est de sa faute, aussi... pourquoi n'est-elle pas restée ici, de force... quand je tenais ce Bergerac au bout de nos carabines ?... Pourquoi l'a-t-elle suivi ?... Oh ! oh ! pardon, mon bon seigneur; voilà que je soupçonne aussi, voilà que j'accuse la fille ?...

### SCÈNE IV

GUINROUET, ARMAND, puis OCTAVIE.

ARMAND, sortant de la maison. Qu'y a-t-il donc, mon père ? qu'avez-vous dit à Catherine, que j'ai vue rentrer tout en larmes ?... Vous êtes bien ému, vous tremblez !
GUINROUET. Chut !... voici mademoiselle Madeleine !
OCTAVIE, entrant sans les voir. Dans quelques heures, je n'aurai plus même cette humble maison, où je me sentais protégée... aimée... Peut-être avec le temps j'eusse été heureuse... Ce jeune homme...
GUINROUET, s'approchant. Avez-vous un peu dormi... mademoiselle Madeleine ?
OCTAVIE. Bonjour, monsieur Guinrouët.
ARMAND. Bonjour, mademoiselle... Ah ! déjà prête à partir... déjà !
OCTAVIE. Je n'attends plus que mon passe-port. Oh ! je ne m'éloignerai pas sans vous avoir encore une fois remercié, non pas de votre gracieuse hospitalité, mais de votre amitié plus généreuse encore... Dans ces cruels moments que j'ai dû subir, si quelque chose eût pu me consoler, c'eût été votre exemple, monsieur Guinrouët, vous, vos douces exhortations, monsieur Armand.
GUINROUET. En vous voyant pleurer mon maitre... vous, qui ne lui êtes rien, sinon par reconnaissance, j'avons deviné un vrai cœur, et ça m'a attaché...
OCTAVIE. Merci.
ARMAND. Nous nous étions accoutumés à vous voir dans la maison. Faut-il donc y renoncer si vite ?
OCTAVIE. Il le faut. Cependant, avant de quitter ce pays... j'ai encore un service à vous demander.
GUINROUET. Parlez, parlez !
OCTAVIE. On m'a bien dit que M. de Montbarrois était mort. Je sais bien que c'est fini, que j'ai perdu mon bienfaiteur, mon seul ami... oui, je vous ai vu pleurer, monsieur Guinrouët, et cette maison a pris le deuil. Ce n'est pas tout pour moi : ce pauvre mort, cette chère relique qu'est-elle devenue ? qu'en ont-ils fait ? où repose celui que j'ai tant aimé... celui qui m'aimait tant ?... Une fois que Guinrouët, je ne peux pas sortir de France sans avoir été m'agenouiller sur cette tombe... promettez-moi que vous m'y conduirez ? (Guinrouët se détourne, muet.) Eh bien ?
ARMAND. Eh bien, mademoiselle, j'avais deviné votre pieux dessein : hier au soir, j'ai pris un cheval... j'ai couru chercher des informations sur le lieu du combat...
OCTAVIE. Oh ! monsieur Armand... !
ARMAND. Hélas ! tout vestige de cette lutte sanglante a déjà disparu. L'agent secret du commissaire général avait passé par là... un homme mystérieux, infatigable ! c'est le fameux Colincamp, redouté par toute la province pour l'énergique et rapide justice de ses expéditions. A peine la lutte était-elle terminée qu'il a immédiatement fait enlever les prisonniers pour les diriger sur Nantes. Quant aux morts, vous le savez, la Loire baigne les murs du bastion... Les victimes du combat... n'ont pas eu d'autre sépulture. (Guinrouët, suffoqué, va s'asseoir.)
OCTAVIE. Pas même ce dernier espoir ! Rien ne me retient plus ici. Ce passe-port arrivera-t-il bientôt ?
ARMAND. Je ne sais... j'espère que non.
OCTAVIE. Vous espérez !

ARMAND. Pourquoi partez-vous ?
OCTAVIE. Vous le savez bien... ne dois-je pas passer en Angleterre ?...
ARMAND. Qui vous y force ?... que risquez-vous à rester ? vous n'êtes pas mademoiselle de Montbarrois, vous !... Votre naissance, votre fortune ne vous désignent pas au danger... Pauvre, obscure, inoffensive, vous n'êtes pas suspecte ni menacée Oh ! rassurez-vous, restez avec nous, mademoiselle Madeleine. Vous ne gagnez rien à partir et nous perdons tout en vous perdant.
OCTAVIE. Moi ! que personne ici... ne connaissait il y a huit jours, et, dans huit jours, tout le monde m'aura oubliée.
ARMAND. Je ne crois pas, mademoiselle, car depuis trois mois, toute absente que vous fussiez, je ne vous ai pas quittée un seul instant; je n'ai pas vécu une seconde sans votre pensée, sans votre image.
OCTAVIE. Monsieur Armand !
ARMAND. Voulez-vous m'en faire un reproche ? croyez-vous pouvoir empêcher ce que je n'ai pu empêcher moi-même ?... Est-ce donc un crime que de vous avoir rencontrée à Paris au moment de votre départ et d'être monté en voiture à vos côtés ? D'avoir passé près de vous les premières heures de mon voyage, si douces, si délicieuses, qu'elles me semblaient être les seules que j'eusse jamais vécu ? Est-ce un crime, quand je me trouvai séparé de vous, en route, d'avoir continué mon rêve, d'être arrivé chez mon père, distrait, éperdu, comme un corps privé de son âme, à tel point que je pensais tout haut et que je vous appelais tout bas, vous cherchant partout comme un insensé ! Oh ! non, vous ne me reprocherez pas la joie folle qui s'empara de moi, quand je sus l'autre jour que vous n'étiez pas l'héritière noble, riche et fière dont j'eusse à jamais été séparé, mais bien l'orpheline, la délaissée, mon égale en obscurité, en courage et en malheur.
OCTAVIE. Monsieur Armand, voilà des paroles qui prouvent toute la bonté de votre cœur. Mais peut-être eussiez-vous mieux fait de ne pas les dire ; je suis mal préparée à les entendre.
GUINROUET. Au contraire... entendez-le... c'est un brave et honnête homme qui vous parle... un bon fils... un sujet qui fera son chemin, un enfant que j'aime et qui mérite d'être aimé aussi.
ARMAND. Bon père !
OCTAVIE, voulant lui imposer silence. Monsieur Guinrouët.
GUINROUET. Tout ce qu'il vous a dit est vrai. Votre avenir n'est pas là-bas à l'étranger; votre bonheur, non plus : ils sont ici... dans cette petite métairie, où le bon Dieu vous a conduite par la main.
OCTAVIE. Le bonheur... à moi !
GUINROUET. A vous, qui le méritez si bien ! Mon cœur est grand, si la maison est petite : il y a place au foyer pour plus d'un enfant : restez-y, ma fille !
OCTAVIE. Ah ! taisez-vous... taisez-vous, je vous en supplie !
ARMAND. Ne refusez pas. Restez !
OCTAVIE, chancelante. Impossible... mon cher Guinrouët... Monsieur Armand... pas un mot de plus.
GUINROUET. Vous voulez rendre un dernier hommage à celui que nous pleurons ? Eh bien, écoutez-moi : accomplissez le vœu qu'avait formé notre bienfaiteur.
OCTAVIE. Son vœu !
GUINROUET. « Faites revenir Armand, » — m'avait-il dit. — « Je lui destine Madeleine, qui est quasi ma fille. »
OCTAVIE. Mon Dieu !
ARMAND. Voilà pourquoi j'étais revenu. Ah ! restez, restez !
OCTAVIE. A votre tour, écoutez-moi. Vous ne pouvez lire dans mon cœur, vous m'accuserez peut-être... Oh !... après tout ce que vous m'avez prodigué de soins, de tendresse, je serais ingrate en refusant.
GUINROUET. Touchez donc là.
ARMAND. Votre main, sans un mot !
OCTAVIE. Je ne puis, je ne puis... vous voyez tout ce que je souffre !
GUINROUET. Une raison, alors... car le refus serait trop dur, et l'enfant ne le mérite point.
ARMAND. N'insistez plus, mon père, j'ai compris.
OCTAVIE. Vous avez compris ?
ARMAND. Oui..., mon cœur, en se précipitant aveuglément au-devant de mademoiselle, avait oublié que peut-être elle n'est plus libre !
GUINROUET. Ah ! oui ! peut-être.
OCTAVIE. Non... ne le croyez pas.
ARMAND. Eh bien... alors...
OCTAVIE. Eh bien... il ne sera pas dit que vous m'accuserez d'ingratitude ou d'orgueil... vous allez tout savoir...

## SCÈNE V

Les Mêmes, COLINCAMP.

COLINCAMP, accourant, par le fond. Voilà le passe-port.
GUINROUET. Toujours le mal venu !
ARMAND. Maudit Jinchelot !
OCTAVIE, à part. Il arrive à temps, j'allais me trahir !
COLINCAMP. Voilà, mademoiselle Madeleine Morel, voilà !... et ce n'est pas sans peine ! Tout le monde là-bas se porte bien... oh !... mais très-bien : ça va, ça va, on n'aurait jamais cru que ça irait comme ça.
GUINROUET. Qu'est-ce que veut dire encore cet animal ?
COLINCAMP. Animal ?... Vous n'êtes guère poli, mon oncle, vous ne l'êtes pas.
OCTAVIE. C'est vrai, monsieur Guinrouët,... Ce pauvre monsieur Jinchelot, qui s'est employé pour me rendre service... Ah ! je vous remercie, monsieur Jinchelot.
GUINROUET. Quel service ?
COLINCAMP. Si vous croyez que c'était commode ! j'aurais bien voulu vous y voir, vous, dans les canons, dans les soldats, les coups de fusil !
GUINROUET, ARMAND. Les coups de fusil ?
OCTAVIE. Encore ?
COLINCAMP. Parbleu !... ça m'a assez serré le cœur... Boum... broum... pataploum...
GUINROUET. T'expliqueras-tu ?
COLINCAMP. Ce n'est pas la peine : je n'y réussis pas avec vous, vous ne goûtez pas assez mon style... Mais tenez, j'entends là-bas quelqu'un qui vous dira cela mieux que moi.
OCTAVIE. Qui donc ?
COLINCAMP. Mademoiselle de Montbarrois.
GUINROUET. Notre demoiselle ! (Il s'éloigne avec Armand.)
OCTAVIE, s'oubliant. Madeleine !
COLINCAMP, saisissant le nom. Hein ? vous dites ?
OCTAVIE, se remettant. Je dis... quoi ! mademoiselle de Montbarrois, vous êtes sûr ?
COLINCAMP. La voiture suivait mon bidet de poste... oh ! mais avec avantage ! et j'ai eu beau courir, je l'entends... elle m'a rattrapé dans l'avenue d'Orines.
OCTAVIE. Cette chère amie... courons vite. (Ils sortent précipitamment.)

## SCÈNE VI

COLINCAMP, puis MADAME DUTOUR.

COLINCAMP, après avoir réfléchi, souriant. Nous allons bien voir. (Il monte l'échelle du grenier et il fait un petit signal en dehors.)
MADAME DUTOUR sort de la maison, s'essuyant les yeux et portant un paquet. Sauvages ! sauvages !... C'est égal, la grise est attelée ! j'y vois plus, moi ; qu' c'est bête... Adieu, mon oncle !... la compagnie !... vous direz à Jinchelot qu'il me retrouvera au Bœu-de-Cane, à l'auberge, puisqu'on me chasse. (Des signaux répondent à Colincamp, au lointain, — tressaillant.) Qu'est-ce que c'est que ça ?
COLINCAMP, redescendant l'échelle. Ah ! bonjour, ma grosse Catherine.
MADAME DUTOUR. C'est toi, imbécile !
COLINCAMP. Bon ! elle aussi !
MADAME DUTOUR. Où sont-ils tous ?
COLINCAMP. Partis !
MADAME DUTOUR. D'où viens-tu, coureur ? t'as couru comme toujours... où ça ? pourquoi ?
COLINCAMP. J'ai acheté le château.
MADAME DUTOUR. Vrai, combien ?
COLINCAMP. Un morceau de pain... t'es propriétaire ! c'est à nous le marquisat !
MADAME DUTOUR, pleurant tout à coup. Ah !... bien ! sauvons-nous alors, sauvons-nous plus vite que ça.
COLINCAMP. Et pourquoi ?
MADAME DUTOUR. Parce que, tout à l'heure, mon oncle, en apprenant que je voulais démolir le château, a manqué de me battre ; s'il apprend que tu l'as acheté, c'est toi qui seras démoli.
COLINCAMP. Tu crois ?
MADAME DUTOUR. En route, que j' te dis ! la grise est au brancard.
COLINCAMP. Soit ! pars devant.
MADAME DUTOUR. Et toi ?
COLINCAMP. Moi, j'ai affaire.
MADAME DUTOUR. Quoi donc ?
COLINCAMP. Faut que j'attende mademoiselle Madeleine ; elle est allée au-devant de mademoiselle de Montbarrois.
MADAME DUTOUR. Comment ?... c'te mijaurée, qui est la cause que mon oncle me chasse... Ah ! bien... attends... attends, je vais la voir aussi, moi ; je vas l'habiller de taffetas pour quarante sous !
COLINCAMP. Tu vas t'en aller.
MADAME DUTOUR. Plus souvent, fanfan.
COLINCAMP, les dents serrées. Mon amour de Catherine !...
MADAME DUTOUR. Tu me fais peur, parole d'honneur !
COLINCAMP. Tu ne t'en iras pas ?
MADAME DUTOUR. Mais pourquoi ?
COLINCAMP. Tonnerre d'enfer ! (Deux hommes paraissent.)
MADAME DUTOUR. On me l'a changé... c'est sûr ! j'y vais... j'y vais. On me l'a changé ! (Elle sort.)
COLINCAMP, aux deux hommes. Ne quittez pas cette femme... fouettez le cheval à tour de bras... promenez-la une heure, dans les labours. Allez ! (Les hommes sortent à gauche.) Il était temps ! (Il se cache sous la paille, dans la charrette, — Madeleine et Octavie entrent.)

## SCÈNE VII

COLINCAMP, caché, MADELEINE et OCTAVIE.

OCTAVIE. Toi, mon amie, ma sœur ! ma chère Madeleine !... c'est toi !...
MADELEINE. Oui, c'est moi, qui ne vivais pas, loin de ma compagne et qui n'ai pu résister au besoin de l'embrasser, avant son départ.
OCTAVIE. Oh ! quel cœur ! comment t'a-t-on permis ?...
MADELEINE. On m'a permis, voilà l'essentiel.
OCTAVIE. Viens, que je t'embrasse encore ! tu m'apportes un éclair de bonheur, un rayon à travers des larmes.
MADELEINE. Tu partais ?... j'ai bien tremblé d'arriver trop tard.
OCTAVIE. Encore un quart d'heure, j'étais en route. (Mouvement de Madeleine.) Les chevaux sont attelés... le bon Guinrouët se préparait à m'accompagner... brave Guinrouët ! Oh ! les cœurs dévoués !
MADELEINE. Oui... oui... le père et le fils... Nul ne se doute de rien ?... ils m'ont paru gênés.
OCTAVIE. Personne... — Oh ! il m'a fallu du courage... mais j'avais juré, je t'avais promis... — Non, personne ne sait notre secret.
MADELEINE, à elle-même. Bien !...
OCTAVIE. Dis-moi donc si tu as couru quelque danger... dis-moi comment tu es traitée... par lui...
MADELEINE. Oh !... je suis prisonnière.
OCTAVIE. Et moi, libre !... Hélas !... chère amie... mais, voyons, puisque te voilà, puisque je te tiens, pourquoi nous quitterions-nous encore ? Les Guinrouët sont des amis sûrs... La mer n'est pas loin... que n'essayes-tu de fuir ?... fuir ensemble, ma chère Madeleine.
MADELEINE. Y penses-tu ?... je ne suis pas venue seule, une escorte m'attend. Non, ne changeons rien à un plan si sagement conçu, si heureusement exécuté jusqu'à présent. (A part.) Il faut que je me décide.
OCTAVIE. Je te trouve pâlie... tu as souffert ? Oh ! je le savais.
MADELEINE, à elle-même. Essayons. (Haut.) Un otage ne peut prétendre au sort si doux, que j'étais habituée à trouver dans l'opulente maison de Montbarrois.
OCTAVIE. Des privations, peut-être ?... Mais tu me déchires le cœur !
MADELEINE. Ce n'est rien... ce n'est rien... Tu m'excuseras, si je ne t'ai pas apporté le peu d'effets et de bijoux qui t'appartiennent et que j'avais gardés, pour la vraisemblance de mon rôle... mais, ne sachant trop combien durera l'épreuve, pardonne-moi, je suis gâtée, tu sais... Eh bien, je me suis réservée cette ressource. Elle, me suis-je dit, son père lui en a dû laisser à l'abri de tout malheur, soit en France, soit à l'étranger.
OCTAVIE. Des ressources ! Tu m'y fais penser, Madeleine. Oh ! pour la première fois, oui.
MADELEINE. Que dis-tu ?
OCTAVIE. Celui qui n'est plus là. — Dieu m'en est témoin je n'avais encore songé qu'à le pleurer...
MADELEINE. Eh bien ?
OCTAVIE. Même dans sa tombe, il protège encore ! Je me souviens de son dernier vœu, comme de son dernier baiser.
MADELEINE, à part. C'est cela !
OCTAVIE. Sois tranquille, bonne Madeleine : nous avons perdu le bienfaiteur, mais les bienfaits lui survivent ; nous serons riches, nous le serons tous.
MADELEINE. Tous ?
OCTAVIE. Vous serez tous heureux, si moi je ne puis plus l'être... Oh ! ces amis nouveaux... mais que leur dévouement, leur délicatesse, m'a rendus si chers... Eux,

ruinés par la guerre civile... par la mort de mon père... je puis donc les sauver, les enrichir !

MADELEINE. De qui parles-tu donc ? des Guinrouët ?

OCTAVIE. A moment de me séparer d'eux, pour jamais peut-être, j'aurai la satisfaction de leur avoir fait la vie facile et douce : au vieux serviteur, le repos, l'abondance ; au jeune homme plein de courage, de génie, à qui la pauvreté fermerait toutes les carrières, une fortune bien gagnée, qui lui ouvrira l'avenir... Oh ! qu'il réussisse, qu'il prospère, qu'il soit heureux !

MADELEINE, contrariée. Ah !... eh bien, mais sans doute.

OCTAVIE. Je vais prévenir Guinrouët.

MADELEINE. Pourquoi ?

OCTAVIE. « Je lui ai cent fois confié ma vie, — m'a dit mon père, — tu peux bien lui confier ton argent ! »

MADELEINE. Alors, tu leur avoues ton nom ?

OCTAVIE. Eh bien ?

MADELEINE, vivement. Ton père l'a défendu !

OCTAVIE. C'est vrai.

MADELEINE. Tu te parjures, tu nous perds sans nécessité.

OCTAVIE. Mais, je pars, et d'ailleurs ne faut-il pas qu'ils le sachent tôt ou tard, quand ils recevront le présent que je veux leur faire.

MADELEINE. Ah ! tu tiens à les prévenir ? Je ne comprenais pas les choses ainsi ; à ta place, moi, je n'eusse rien dit... ils sont ombrageux, délicats ; c'est avec délicatesse... que j'eusse envoyé mon présent ; après ton départ, par exemple... de façon qu'ils ne puissent te refuser... car, peut-être refuseraient-ils, si tu leur mettais dans la main une aumône...

OCTAVIE. Tu as raison : blesser, offenser Armand, si fier... si désintéressé !... Dieu m'en préserve... Oh ! tu devines tout, tu prévois tout... C'est toi, qui iras recueillir mon héritage.

MADELEINE. L'argent est bien caché, sans doute ?

OCTAVIE. Oui... oui...

MADELEINE. Où cela... loin d'ici ?

OCTAVIE. A Montbarrois.

MADELEINE. Au château ?

OCTAVIE. Oui.

MADELEINE. Mais on doit le vendre, il faut se hâter, Octavie !

OCTAVIE. J'y vais avec toi !

MADELEINE. C'est impossible !

OCTAVIE. Comment ?

MADELEINE. Laisse-moi te dire la vérité, que je te dissimulais : tu ne peux retarder d'un instant ton départ, je venais même pour l'accélérer. Octavie, on te soupçonne, on épie tes démarches, tu es suspectée, en un mot.

OCTAVIE. Moi ?

MADELEINE. Ta correspondance avec ton père a été saisie : on y a trouvé les lettres qui font obscurément allusion à cet argent caché ; on sait si l'on ne t'accuse pas d'être ma confidente ma dépositaire : on t'arrêterait, tout serait perdu.

OCTAVIE, effrayée. Mon Dieu !

MADELEINE. Pars : le sol brûle sous les pieds... je ne respirerai que lorsque tu m'écriras d'Angleterre.

OCTAVIE. Je pars... je pars.

MADELEINE, la retenant. Le secret du trésor ? car, tes amis sont dans le besoin, et, toi-même, il te faut vivre là-bas.

OCTAVIE. Pardonne-moi... mais... c'est bizarre ! Tu es ma sincère amie, je crois en toi comme en moi-même... Eh bien, j'hésite... mon cœur se serre au moment de te parler, comme si j'allais commettre un sacrilège... Comme si j'allais trahir mon père.

MADELEINE. Octavie !

OCTAVIE. Pardonne, je t'offense !... c'est fini... c'est fini.

MADELEINE. Tu m'as fait bien du mal.

OCTAVIE. Ecoute ! à Montbarrois, dans le grand caveau où nous avons prié ensemble tant de fois, on s'approche du lion de pierre, on plonge la main dans sa gueule béante, on rencontre le ressort, qui fait ouvrir une porte pratiquée dans le piédestal : Le trésor est là.

MADELEINE, se jette à son cou, puis tout à coup. Silence, on vient !

### SCÈNE VIII

LES MÊMES, GUINROUËT, ARMAND.

MADELEINE. Monsieur Guinrouët, monsieur Armand, il n'y a pas un instant à perdre. J'ai de graves inquiétudes, que je communiquais à ma chère Madeleine, il faut qu'elle parte... Il le faut.

GUINROUËT. Nous sommes prêts à l'accompagner jusqu'au port.

MADELEINE. Gardez-vous en bien ; ce serait donner une importance significative à ce départ, qui doit s'effectuer secrètement, sans bruit.

ARMAND. Mais mademoiselle ne peut, toute seule, traverser le pays ?

OCTAVIE. Sans doute.

MADELEINE. Comme il vous plaira : seulement, je vous rends responsables de ce qui peut lui arriver.

OCTAVIE. Oh !

ARMAND. J'en réponds !

GUINROUËT. Assez. Obéissons à notre demoiselle : elle en sait plus que nous.

OCTAVIE. C'est bien cruel pourtant !

MADELEINE. Toi, ton salut avant tout ; embrasse-moi, mon escorte s'impatiente.

OCTAVIE. Souviens-toi bien !

MADELEINE. De tout... de tout... adieu.

OCTAVIE. Non ; dis-moi donc : au revoir ! dis-moi : à bientôt !

MADELEINE. A bientôt !... à bientôt... du courage... allons, pars !

ARMAND. Jusqu'aux limites de la lande, au moins ; pas plus loin !

MADELEINE. Oui, allez. (Ils partent à droite.) Enfin ! elle est partie ! (A ses gens.) Allons. (Elle sort à gauche.)

### SCÈNE IX

COLINCAMP, seul, puis MADAME DUTOUR et puis DEUX HOMMES. Colincamp sort de la charrette, regarde des deux côtés. Les deux hommes de la scène VI accourent et viennent lui parler bas, au fond de la scène.

MADAME DUTOUR, arrive échevelée, furieuse. Brigands ! malfaiteurs ! ils ont crevé la grise !... Il n'y a donc pas un homme ici, pour me défendre ? au secours ! Des gendarmes ! Qu'on me cherche des gendarmes !... Jinchelot ! Jinchelot, Eh bien ! il ne me répond pas ! (Colincamp pendant ce temps, cause avec les deux hommes et leur indique ce qu'ils ont à faire.) Il cause avec ces gens-là ! il leur met la main sur l'épaule. Jinchelot, mais c'est des sacripants !

COLINCAMP. Allez, enfants, et ventre à terre ! (Il part avec les deux hommes.)

MADAME DUTOUR. Ah ! bon Dieu du ciel !!! (Elle lève les mains au ciel.)

## ACTE TROISIÈME

### QUATRIÈME TABLEAU

Hôtel de Bergerac. — Salons splendides, ornés et illuminés pour une fête. — Le premier salon, en avant, réuni au second par des portes ouvertes au lever du rideau. — A droite une petite porte donnant sur un escalier dérobé.

### SCÈNE PREMIÈRE

PINÇARD, DAMES, INVITÉS, VALETS, puis GEORGES.

PINÇARD, aux valets chargés de plateaux. Faites circuler ! faites circuler !

GEORGES, entrant. Toute la province chez moi ! à mes pieds ! plus d'obstacles désormais à craindre... Octavie est ma femme, elle me livre le trésor du marquis ! j'ai le pouvoir et l'or ! si cette alliance avec la première famille du pays me fait des ennemis, je veux les apaiser. Mon ambition assouvie... mes plus folles espérances réalisées, dépassées même... Je redeviens calme et bon. Une femme jeune et belle ! quand j'eusse accepté avec joie quelque hideuse douairière !... Pauvre Octavie, je crois que je l'aimerai... je l'aime presque déjà !

PINÇARD, aux valets. Faites circuler !...

GEORGES, aux valets. Ouvrez les portes toutes grandes à tout le monde !... N'oubliez pas que c'est fête ici pour toute la province ; autant de politesse et d'égards pour le paysan ou le paludier, qui voudrait me voir, que pour les plus grands noms et les riches propriétaires. (Il sort.)

PINÇARD, le voyant partir, à un valet qui passe avec un plateau. Faites circuler ! (Il prend une glace.) Cela me rafraîchira... qu'allait-il faire ce matin, à la Municipalité, avec mademoiselle de Montbarrois... bras dessus, bras dessous ? (Un valet passe.) Du punch ! brûlant ! faites circuler !... au rhum !... ça le guérit ! (Il en prend un verre.) Ça me réchauffera... Eh ! mon Dieu, la place est douce, on vivote...

## SCÈNE II

PINÇARD, COLINCAMP, en incroyable, entre le dos tourné, regardant le salon et se donnant des grâces; arrivé à Pinçard qui va boire, il lui touche le bras, on se retournant.

PINÇARD, le reconnaissant. Ah !
COLINCAMP, montrant la droite. Où conduit cette porte ?
PINÇARD. Par un escalier de service, dans la cour des cuisines.
COLINCAMP. La clef ?
PINÇARD, la lui donnant. La voici ! (Sur un geste de Colincamp, qui aperçoit madame Dutour, il sort.)

## SCÈNE III
### MADAME DUTOUR, COLINCAMP.

MADAME DUTOUR. Là-bas, quand j'ai voulu te demander des explications, tu m'as entortillée, en me disant d'aller me faire belle pour venir toucher nos picaillons chez le Bergerac; je ne t'ai pas contrarié; l'argent, ça me convient! la toilette, ça me va! mais nous v'là ici, faut abattre son jeu, mon neveu! causons!
COLINCAMP. Oui, Bichette !
MADAME DUTOUR. Polisson !
COLINCAMP. Petite Titine... voyons, parce qu'on t'a promence...
MADAME DUTOUR. Oh! c'est qu'on ne me promène pas, moi,.. c'est qu'on ne me vexe pas, moi ! j'ai d'ça, j'suis bonne fille; mais je tape !
COLINCAMP. Quoi, pour un rien ?
MADAME DUTOUR. Un rien ?... deux escogriffes, qui m'emballent dans la carriole, et qui me trimballent dans la terre glaise que j'en suis encore assommée. Et la grise !... on m'en offre six francs cinquante !
COLINCAMP. Une farce, quoi !
MADAME DUTOUR. Elle est jolie, la farce ! c'est fini, fifi ! Tu ne m'y prendras plus, Belzébuth... grand singe ! ça vous a l'air d'une oie et ça fait des farces ! Ah ! non ! non ! un homme qui a des connaissances comme ça, non ! non.
COLINCAMP. Écoute donc, Titine, c'est Lasfouillat et Crampat.
MADAME DUTOUR. Deux brigands ! tout noirs.
COLINCAMP. Deux chaudronniers.
MADAME DUTOUR. Faut se dire adieu, mon fieu... Moi, j'aime les belles manières, j'aime les hommes comme y faut... l'es pas comme y faut... j' divorce.
COLINCAMP. Oh! Catherine, un si bon ménage !
MADAME DUTOUR. Nous allons liquider... j' viens ici chercher les sonnettes du Bergerac, prends ta part ici bonsoir. Voilà comme je comprends le ménage, moi ; faut que l'homme file doux !
COLINCAMP. C'est bien... fallait pas m'amorcer, alors.
MADAME DUTOUR. T'amorcer ! c'est toi, qui m'as écrit, pas vrai, pour me...
COLINCAMP. Parce que vous êtes riche... que vous avez un château !... Vous allez peut-être devenir marquise !...
MADAME DUTOUR. C'te bêtise !... qu'est-ce qu'il manque, est-ce l'étoffe ? il me semble qu'on en a !
COLINCAMP. Coquette !
MADAME DUTOUR. Eh bien, après ?
COLINCAMP. Y vous faut des hommes à genoux.
MADAME DUTOUR. Oui, Loulou !
COLINCAMP, avec faunte. Eh bien, j'irai chercher des femmes... Tiens ! y en a encore ! (Il se dirige vers le second salon où l'on danse.)
MADAME DUTOUR. C'est qu'il y va ! (Colincamp engage une danseuse, qu'il emmène.) Il invite une femme ! elle accepte ! c'est un mauvais sujet ! Attends un peu ! (Elle court vers le fond et disparaît parmi les danseurs. On se place pour danser une gavotte et autres danses du temps.)

## SCÈNE III
### GEORGES, MADELEINE, en deuil très-élégant.

GEORGES, arrivant avec Madeleine. Remettez-vous, ma belle Octavie : vous êtes toute tremblante.
MADELEINE. Ce n'est guère ici ma place.
GEORGES. La place de ma femme est partout.
MADELEINE. Votre femme, Georges ! Ah ! tenez, le deuil est sur mes habits, cependant la joie déborde mon cœur. Je vous aime ! fallait-il un amour ordinaire pour mépriser tant de convenances, pour braver tant d'obstacles insurmontables ?
GEORGES. Généreuse, et adorée !
MADELEINE. J'ai voulu assurer le bonheur de celui que j'aime : j'avais hâte de m'unir à vous, pour vous délivrer des ennemis, si pressés de vous perdre ! Et, en même temps, j'obéissais aux volontés du marquis, de mon père, qui m'avait défendu de livrer son secret à d'autre qu'à mon époux.
GEORGES. Votre époux !... je le suis...
MADELEINE. Georges, j'ai le droit de n'avoir plus de secrets pour vous... nos biens vont être à deux, comme nos existences... et ces biens sont immenses. Oh ! tant mieux... si j'ai fait mal, si j'ai, en m'abandonnant à cet amour... été parjure et criminelle...
GEORGES. Criminelle, vous ?... Est-ce possible... et cela fût-il... serait-ce à moi de vous le reprocher ?
MADELEINE. Souvenez-vous un jour... oh ! souvenez-vous à jamais de cette parole... aimez-moi... aimez-moi, pour vous avoir aimé par-dessus tout.
GEORGES. Êtes-vous exaltée, étrange ?... vous accuser ainsi... !
MADELEINE. Mon Georges, mon ami !... le trésor de Montbarrois est au château, dans le caveau de famille, et je vous le livrerai quand vous voudrez !
GEORGES. Chère Octavie !
MADELEINE. C'est ma dot.
GEORGES. La mienne sera la restitution de tous les biens, que vous enlevaient la rébellion et la triste fin de votre père... Tout à l'heure, ici, vous entendrez le directeur vous annoncer cette restitution ; et moi, libre, après l'expiration de mon commande, après la pacification de cette province, je vous emmène à Paris où mes services, où notre alliance, où mon fortune me réservent à quelque poste important ; ma dot, à moi, la voilà !... c'est Paris que je vous donne... Paris, la lumière et le paradis de l'univers ; Paris, où la beauté brille, où l'esprit fascine, où l'or subjugue et règne. Ah ! mon Octavie, quel avenir de splendeurs et de félicités !
MADELEINE. Et d'amour ! (Ils se serrent les mains.)
GEORGES. Oui, d'amour passionné... éternel... Oh !... mais cet avenir est trop loin ; cette journée, qui me sépare du bonheur suprême, est trop longue à mon impatience...
MADELEINE. Georges, on vient !... on vient, permettez !

## SCÈNE IV
### LES MÊMES, MADAME DUTOUR.

MADAME DUTOUR. Ah ! le v'là ! bonjour, citoyen Bergerac, mademoiselle de Montbarrois et la compagnie.
MADELEINE. Cette femme ?
GEORGES. Un des ennemis pressés, dont vous parliez tout à l'heure.
MADAME DUTOUR. Me v'là !... ça vous va bien ?... Et moi aussi.
MADELEINE. Oh !... payez-la bien vite, payons-la !
GEORGES. Soyez tranquille. Enchanté, madame Dutour... d'avoir le plaisir de vous revoir.
MADAME DUTOUR. Vous vous y attendiez bien un peu à ce plaisir-là ?... quand la montagne ne vient pas, on va-z-à la montagne, comme disait un Turc... N'empêche pas qu'on a fait des frais pour vous, bijou... On ne veut pas vous faire affront, mignon.
GEORGES. Vous êtes d'une beauté... d'un éclat !...
MADAME DUTOUR. J' crois qu'on n'est pas à faire peur aux moineaux !... Dame, ça n'est jamais de trop... et puis, à quoi sert d'avoir quelque chose de bien, si on ne le montre pas ? Tenez, moi chou, j'ai fait la toilette d'une nymphe du Luxembourg... une forte femme, ça m'allait comme un gant, et ça m'a paru une fois au bal de Barras, mon rat !
MADELEINE, à demi-voix, à Georges. Cette femme m'est odieuse, renvoyez-la donc !
MADAME DUTOUR. Ah ! tu fais ta poussière, toi !... attends !... (A Madeleine.) Eh ! comme vous v'là noire, mademoiselle dans une tête toute dorée, j'en suis drôle tout d' même... ah ! mais, c'est vrai, c'est vrai ; l'accident de votre père... oui !... on est forcé de danser en deuil... Attrape !
MADELEINE. Oh !
GEORGES. Madame Dutour, mademoiselle de Montbarrois ne vient pas ici pour danser.
MADAME DUTOUR. Oh ! mais, qu'elle danse, qu'elle danse !... ça m'est égal... des goûts et des couleurs, comme on dit... voyons, parlons peu, parlons bien, chérubin : mon argent !...
GEORGES. Il est prêt.
MADAME DUTOUR. V'là du bon français ! (Elle tend la main.)
GEORGES. Oh ! demain !
MADAME DUTOUR. V'là une faute d'ostographe !
GEORGES. Ma caisse n'est pas dans mon salon, madame Dutour. (Les danses recommencent au fond. On voit Colincamp danser une gavotte.)

MADAME DUTOUR. A demain, au petit jour, mon amour... à propos, vous savez que j'ai acheté Montbarrois.

MADELEINE, bas à Georges. C'est là qu'est le trésor.

GEORGES, de même. Nous y veillerons.

MADELEINE. Vous?

GEORGES. Le château?

MADAME DUTOUR. J'emménage demain. (Bruit, bravos, triomphe de Colincamp qui achève sa gavotte.) Qu'est-ce que c'est que ça? (Elle regarde.) Mon monstre!... on le cajole... est-il beau, le brigand!... il m'avait caché ça!... on se l'arrache! ah!... moricaud!... (Elle s'élance vers Colincamp et le sépare de sa danseuse.) File un peu!... et vous... Pardon, excuse, mamzelle, c'est à moi c' l'objet-là. (Elle s'empare de Colincamp et l'emmène, Rires, bravos ironiques.)

GEORGES, à Madeleine. A compter de demain, vous ne verrez plus ces gens-là...

MADELEINE. Laissez-moi m'isoler, me cacher.

GEORGES. Impossible, puisque je vous présente au directeur.

MADELEINE. Oh! que cela finisse, je vous en prie... Abrégez mon supplice... Tous ces regards me percent le cœur.

GEORGES. Vous le savez... on m'attend! le directeur doit être arrivé. Courage et patience, mon amour, ma femme adorée. (Il sort.)

MADELEINE. Allez! allez!

### SCÈNE V

MADELEINE, seule. Oui, courage et patience!... Je touche au terme de mes tourments... Il m'aime, j'en suis sûre... Je suis sa femme!... oh! tout ce qui s'élevait entre mon fol amour et ce but impossible... Tout ce qui nous séparait invinciblement... tout s'est aplani devant mon ardente volonté... Tout!... je suis sa femme!... Cet orgueilleux, cette âme ambitieuse, qui n'eût peut-être pas accordé à Madeleine Morel l'honneur d'en faire sa maîtresse... Il s'est prosterné devant Octavie de Montbarrois... il a mendié sa main... je suis sa femme! Un instant a suffi; d'un seul bond, j'ai franchi tous ces degrés... j'ai usurpé ce splendide avenir!... oh! s'il apprenait, jamais?... non! Georges ne peut plus rien savoir... Elevée loin de ce pays avec Octavie et partie, sans avoir rien révélé à personne... non!... Georges ne saura rien... Et si, plus tard... j'étais trahie... oh!... tant d'amour, de dévouement... l'auront lié à moi d'une étreinte indissoluble... Georges oserait-il repousser sa femme? oserait-il un scandale devant le monde?... L'avenir est bien à moi! Prenons tout mon orgueil... toute ma joie, pour en étouffer mes remords! (Elle rêve.)

### SCÈNE VI

MADELEINE, GUINROUET, ARMAND.

GUINROUET, montrant Madeleine. Tiens, Armand, la voici!

ARMAND. C'est bien elle!... vous voyez qu'on ne nous a pas menti... vous voyez qu'elle paraît à cette fête.

GUINROUET. Mon bon Dieu!... la fille de notre maître mort!

MADELEINE. Georges tarde bien! (Elle aperçoit les Bretons.) Les Guinrouet! que viennent-ils faire ici?

GUINROUET, à son fils. Il ne faut jamais juger de la légère, faut voir de près.

MADELEINE, à part. Les éviter, impossible!

GUINROUET, s'avançant. Bonsoir, mademoiselle.

MADELEINE. Vous! oh! c'est vous... monsieur Armand!... quel heureux hasard!

GUINROUET. Tu vois qu'elle ne rougit pas...

MADELEINE. Vous m'apportez sans doute des nouvelles de Madeleine, ma compagne si chère?

ARMAND. Elle est partie; elle doit être embarquée, mademoiselle.

MADELEINE. Oh! pauvre amie!

GUINROUET. Elle a bon cœur! Mademoiselle Madeleine nous a quittés trop tôt.

MADELEINE. Ne vaut-il pas mieux qu'elle soit en sûreté? Ainsi, vous n'avez rien appris?

GUINROUET. Non, mademoiselle, puisque vous avez décidé que nous pouvions la compromettre, en l'accompagnant... mais nous l'avons confiée au voiturier du pays, un homme sûr, avec ordre de nous avertir au moindre obstacle, et comme il n'est pas revenu encore, c'est que...

MADELEINE. C'est qu'elle est arrivée au but heureusement... Eh bien, remercions Dieu !... si vous avez des nouvelles avant moi, prévenez-moi, mes amis, j'en ferai de même pour vous. Je vous quitte... vous n'aviez sans doute rien autre chose à me dire?... merci, adieu, au revoir.

GUINROUET. Nous étions venus pour autre chose, mademoiselle, et je vois que vous ne vous en doutez pas. Tant mieux... le mal qu'on fait se diminue beaucoup par la simplicité.

MADELEINE. Le mal qu'on fait!... qu'ai-je donc fait?

GUINROUET, sévèrement. Vous êtes ici...

MADELEINE. Mais...

GUINROUET. Vous êtes ici, parmi les bleus, parmi les ennemis, et vous vous appelez Montbarrois!...

MADELEINE. Monsieur Guinrouët!

GUINROUET. Ne vous fâchez pas, mademoiselle... votre père est mort... s'il vivait, vous ne seriez pas ici. Je suis un vieux soldat de votre père; comme son ombre, je vous dois la vérité : votre place n'est pas ici.

MADELEINE. Suis-je libre?

GUINROUET. Je ne vois pas de fers à vos mains ni à vos pieds... Je ne peux pas me figurer mademoiselle de Montbarrois, dans le salon de Bergerac, autrement que se débattant contre la violence.

MADELEINE. Je suis otage.

ARMAND. Dites-nous qu'on a abusé de cette situation, qu'on vous a contrainte, qu'on vous a menacée, forcée; dites-nous-le, mademoiselle; nous saurons vous faire respecter... vous rendre libre!

GUINROUET. Vous emmener, s'il le faut; mourir avec vous, s'il le faut; et il le faut, pour l'honneur du nom que vous a laissé notre maître!

MADELEINE. Mon Dieu!... je ne savais pas...

GUINROUET. Vous savez maintenant.

ARMAND. Accusez hautement le coupable.

MADELEINE. De qui voulez-vous parler?

GUINROUET. D'un misérable, à qui je ferai payer tous ses crimes, sans compter celui-ci.

ARMAND. Mon père!... du calme!...

MADELEINE. Votre père est fou, monsieur, de venir ici me poursuivre par la menace et le scandale.

GUINROUET, voulant l'emmener. Allons, mademoiselle!

MADELEINE. Laissez-moi!

### SCÈNE VII

LES MÊMES, GEORGES.

GEORGES. Qu'y a-t-il? (Madeleine se réfugie près de lui.) Ces gens la chez moi!

ARMAND. Ces gens ont un compte à vous demander et ils viennent.

GEORGES. Voilà bien du bruit!

GUINROUET. J'aimerais mieux une bonne besogne!

ARMAND. Mon père! plus un mot.

GEORGES. Que vous disaient-ils, mademoiselle?

MADELEINE. Rien, rien...

ARMAND. Nous avions l'honneur de représenter à mademoiselle, qu'elle n'est pas à sa place ici...

GEORGES. De quel droit?...

GUINROUET. Nous sommes les serviteurs et les amis de cette jeune fille et nous veillons sur elle.

GEORGES. Vous êtes ses seuls amis? N'admettez-vous pas qu'elle en puisse avoir d'autres?

GUINROUET. Vous?... le sang de son père n'est pas assez refroidi pour ça...

GEORGES. Et votre sang, à vous?... cette blessure, que vous avez reçue en combattant contre la loi, pour l'insurrection, est-elle assez ferme, monsieur Guinrouët, pour ne plus témoigner contre vous, s'il me prenait fantaisie de vous perdre? (Il lui met la main sur l'épaule.)

ARMAND, se précipitant près de son père. Il me semble que vous touchez mon père!

GEORGES. Tâchez, vous, que je vous oublie! vous êtes chez moi, qui vous a permis d'y entrer?

MADELEINE. Par grâce!... (Bas.) Georges!... (Haut.) Messieurs!

ARMAND. Monsieur, vous êtes venu chez moi, aussi, vous! pour réclamer mademoiselle de Montbarrois comme otage et comme garantie de la tranquillité de son parti; mais un otage on peut l'emprisonner, le maltraiter, si l'on est un ennemi barbare; on n'a jamais le droit d'en faire un esclave, et de l'attacher au char de triomphe du vainqueur.

GEORGES. Faites-moi grâce de vos plaidoyers!

ARMAND. Je vous somme de laisser cette jeune fille libre dans ses regrets, dans son honneur.

GEORGES. Je vous ordonne de sortir!

GUINROUET. Ah! que je te tienne dans ma lande!

GEORGES. J'irai...

GUINROUET. Nous attendons!

GEORGES. J'irai dans vos tanières, non pas avec des soldats... J'irai avec des menottes et des gendarmes.

ARMAND. Et un bourreau?
GEORGES. Oui; comme il convient contre des rebelles et des brigands!
MADELEINE. Georges, je vous supplie!... Guinrouët... sortez!
GUINROUET. Oui mademoiselle!
ARMAND. C'est bien, monsieur!... A Dieu ne plaise que nous apportions ici le moindre sujet de scandale, nous respectons mademoiselle... nous respectons même votre maison... mais enfin la justice est violée... il y a un pouvoir au dessus du vôtre; en France, quel que soit le parti qui règne, la justice et l'honneur règnent avec lui... Je vais m'adresser à vos maîtres, monsieur, nous verrons!
GEORGES. Allez! (Guinrouët et Armand sortent.)
MADELEINE. Oh!... oh!... quelle horrible lutte!... épargnez-moi... épargnez-les...
GEORGES. Si ces gens-là respirent encore, c'est à vous seule qu'ils le doivent. (Pincard paraît, une lettre à la main.) Qu'y a-t-il, que me veut-on? (Il ouvre la lettre.) Un message de Colincamp... jamais celui-là n'écrit pour des choses indifférentes!... (Lisant.) Eh! mon Dieu... pauvre fille!... quoi... elle est là... (S'gne affirmatif du valet.) Eh bien, qu'on l'amène... en vérité, cela vous fera plaisir, Octavie, cela vous remettra (Le valet sort.)
MADELEINE. Quoi donc?
GEORGES. Colincamp, l'infatigable, faisait sa tournée aux environs de la Loire, quand il a surpris des fugitifs qui gagnaient la mer et lui semblaient suspects. Il les a arrêtés, il me les envoie, brave Colincamp!... croyant faire une importante capture; pauvre fille !
MADELEINE. Mais de qui donc voulez-vous parler?
GEORGES. Je ne vous l'ai pas dit?... Mais de votre compagne, de votre fidèle Madeleine Morel.
MADELEINE. Madeleine!... arrêtée?...
GEORGES. Lisez!
OCTAVIE, en dehors. M. de Bergerac! où est-il?
MADELEINE. Et ramenée ici!...
GEORGES. La voici!
MADELEINE. Oh!

### SCÈNE VIII
Les Mêmes, OCTAVIE.

GEORGES, allant au-devant d'Octavie. Venez, sans peur aucune, venez, mon enfant; tenez... cela vous rassure-t-il? (Il lui montre Madeleine.)
MADELEINE. Revenue!
OCTAVIE. Ici... toi,.. toi... ici!... Oh! chère amie, défends-moi! on m'a arrêtée... que veut-on?... j'ai peur!
MADELEINE. Sans doute... sans doute... viens... je t'emmène, monsieur, n'est-ce pas? (Bruit lointain, musique qui annonce l'arrivée du directeur.)
GEORGES. Vous ne le pouvez, en ce moment: voilà le directeur qui entre... préparez-vous à le recevoir présentée, je cours le recevoir... attendez-moi ici, ma chère. (Mouvement très-marqué d'Octavie, à ce mot; il sort.)
OCTAVIE. Ma chère!... j'ai mal entendu?
MADELEINE. On veut obtenir la restitution des biens, des domaines de la famille, et j'ai pensé, j'ai dû consentir... Ma chère amie, je vais te faire conduire chez moi.
OCTAVIE. Présentée au directeur?... tu vas avoir l'air de demander une grâce.
MADELEINE. Le but est sérieux... c'est pour toi...
OCTAVIE. Je ne veux rien! je te défends de rien demander, de rien accepter même.
MADELEINE. Songe donc... souviens-toi donc!
OCTAVIE. Je me souviens que je m'appelle Montbarrois... et je ne demande pas l'aumône...
MADELEINE. Ne parle pas ainsi... Les dangers que tu cours!... Tiens, ne reste pas ici... éloigne-toi!
OCTAVIE. Des dangers! allons donc! mademoiselle de Montbarrois qu'on adule, qu'on invite à des fêtes, à qui l'on dit : ma chère!... et sur laquelle on appelle les grâces du directeur... Non, ma vie ne court aucun danger !
MADELEINE. Tais-toi !
OCTAVIE. Ma vie, aucun! mon honneur, c'est autre chose.
MADELEINE. Es-tu folle?
OCTAVIE. De honte, peut-être... Oui!... oui, je suis folle d'une pareille humiliation.
MADELEINE. Mais tu m'offenses.
OCTAVIE. Et toi, tu me déshonores.
MADELEINE. Mais je te sauve...
OCTAVIE. A ce prix! j'aime mieux mourir... comme mon père !
MADELEINE. Plus bas!

OCTAVIE. Non.
MADELEINE. Je t'en supplie !
OCTAVIE. Non!... tu as, publiquement, traîné le nom de Montbarrois dans la fange ; publiquement, je veux le réhabiliter.
MADELEINE. Mais qu'exiges-tu donc ?
OCTAVIE. Que tu quittes cette maison, à l'instant... que tu quittes ce nom, ce masque.
MADELEINE. Que je te perde, n'est-ce pas? jamais !
OCTAVIE. Crains que je ne te perde avec moi !
MADELEINE. Silence ! oh ! si tu savais, si tu savais tout ce qu'un mot de toi peut faire crouler de malheurs sur ma tête ! Silence ! par pitié !... je te prie, je te supplie à deux genoux ! On vient, on vient, retire-toi.
OCTAVIE. J'attendrai ; mais je reste.

### SCÈNE IX
Les Mêmes, Le Directeur, GEORGES, ARMAND, GUINROUET, Foule au fond.

LE DIRECTEUR, à Bergerac. Avouez que voilà une grave accusation. (A Armand.) Vous y persistez, monsieur ?
ARMAND. Oui !
GUINROUET. Et moi aussi.
LE DIRECTEUR, à Georges. Vous répondrez, j'espère ! Quoi ! vous auriez abusé de votre autorité, de votre pouvoir, de la loi, pour contraindre une jeune fille sans défense, un otage, à paraître en public, chez vous ?
GEORGES. Est-ce à moi de parler, monsieur le directeur ?
LE DIRECTEUR. Oui.
GEORGES. C'est ici, que j'ai voulu répondre... ici même, en présence de la personne, qui aurait à se plaindre; ma défense ne sera pas longue... (Présentant Madeleine.) Mademoiselle de Montbarrois, monsieur.
LE DIRECTEUR, saluant Madeleine. Mademoiselle. (Elle salue.)
GEORGES. Oui, veuillez interroger, monsieur le directeur... voilà les avocats, voici l'accusé... voici la victime.
MADELEINE. Mon Dieu !
LE DIRECTEUR. Allons, mademoiselle, parlez, ne craignez rien ! Est-il vrai qu'on vous retienne ici, par force malgré vous?... Ce serait odieux, je ne le tolérerai pas; parlez, de grâce.
ARMAND, GUINROUET. Oui, mademoiselle... parlez !
OCTAVIE, à part. Elle va se justifier.
GEORGES. Je vous en prie... vous le voyez, il faut céder à la violence, qu'on a si maladroitement employée... On m'accuse, vous l'avez entendu, et je n'ai que vous pour me défendre...
MADELEINE. Par pitié !
GEORGES. Si vous l'exigez, cependant, je respecterai votre délicatesse, vos scrupules si légitimes; je respecterai notre secret.
OCTAVIE. Leur secret !
ARMAND, ET TOUT LE MONDE. Un secret !
LE DIRECTEUR. Il n'y a pas de secret possible devant une accusation qui engage l'honneur !
TOUS. Non, non !
LE DIRECTEUR. Il faut, mademoiselle, que vous sortiez d'ici honorée, sans soupçon, et monsieur aussi.
GEORGES. Il faut, monsieur, qu'elle reste ici; car elle y est chez elle... Elle ne s'appelle plus mademoiselle de Montbarrois, elle n'est plus l'otage, elle est comtesse de Bergerac... elle est ma femme !
OCTAVIE. Impossible ! (Elle pousse un cri sourd.)
ARMAND, GUINROUET. Sa femme !
LE DIRECTEUR, s'approchant de Madeleine. Est-ce vrai ?...
GEORGES, insistant près de Madeleine. Allons...
MADELEINE. Oui.
OCTAVIE. Ah ! (Elle tombe sur un siège.)
GUINROUET, ARMAND, l'apercevant. Madeleine... ici, elle !
LE DIRECTEUR. Tout s'explique... mademoiselle voulait cacher, le plus longtemps possible, un mariage, conclu si vite après la mort de son père.
GEORGES. Il fallait, à l'orpheline, un protecteur.
LE DIRECTEUR. Oui, pour une si grande fortune !... Elle l'a trouvé... Mes compliments, madame... à vous surtout, monsieur le commissaire général... mes sincères compliments. (Il sort.)
GEORGES, à Guinrouët. Cela vous suffit, j'espère ! Eh bien! (Il les congédie d'un geste impérieux. — Au directeur.) Permettez, monsieur, le directeur. (Il l'accompagne.)

### SCÈNE X
OCTAVIE, MADELEINE, ARMAND, GUINROUET.

OCTAVIE, à Madeleine qui s'est approchée. Misérable !

GUINROUET, revenant. C'est plus qu'un crime, c'est une lâcheté !
MADELEINE. Vous, sortez !
OCTAVIE. N° une quittez pas, mes amis.
ARMAND. Jamais !
MADELEINE, saisissant la main d'Octavie. Reste ici... Sortez de chez moi... vous dis-je !
OCTAVIE. Je ne suis pas...
MADELEINE, étouffant sa voix. Tu es folle !
OCTAVIE. Moi !
MADELEINE. Folle, te dis-je... Pour la dernière fois, faut-il que j'appelle et que je vous fasse arrêter ?
GUINROUET. Elle le ferait !
MADELEINE. Sortez, je vous l'ordonne !
ARMAND. Venez, mon père... mais soyez tranquille, mademoiselle, nous reviendrons.
MADELEINE. Sortez !
ARMAND. Oui, nous reviendrons.
MADELEINE, qui a suivi les Guinrouët. Sortez donc ! (Ils sortent, elle ferme la porte.) Elle est entre mes mains ! Elle ne m'échappera plus.
OCTAVIE, éperdue. Folle ?... je vais le devenir... si Dieu ne m'arrache pas d'ici.

### SCÈNE XI

**MADELEINE, OCTAVIE, COLINCAMP.** La porte dérobée s'ouvre ; Colincamp paraît, il court à Octavie, la saisit par la main et l'entraîne.

COLINCAMP. Venez, mademoiselle, venez ! (Ils sortent, ferment la porte. — On entend craquer la serrure.)
MADELEINE, revenant au bruit et voyant disparaître Octavie. Octavie ! Octavie ! où vas-tu ? (cherchant à ouvrir la porte.) Fermée ! fermée !... Octavie !... qui donc a su me l'enlever ?... Au secours ! à moi ! à moi !... Mais je ne puis rien dire ! (Elle sonne, des domestiques paraissent.) Mes chevaux ! (A part.) Il faut que j'arrive la première à Montbarrois, il le faut !

---

## ACTE QUATRIÈME

### CINQUIÈME TABLEAU

**Les caveaux à Montbarrois**

Vaste crypte soutenue par de lourds piliers. — Avenues de tombes à droite et à gauche, au milieu mausolée, surmonté d'un lion de pierre. — Marches pour arriver au lion. — Entrée au fond et à gauche.

### SCÈNE PREMIÈRE

**MADAME DUTOUR, LASTOUILLAT, CRAMPAT, GENS DU CANTON.**

MADAME DUTOUR, au pied de l'escalier, à gauche. Mon Dieu, oui, c'est moi la propriétaire du château, c'est moi votre seigneur, avec Jinchelot ; nous serons bons enfants, vous verrez !... nous ne sommes pas fiers !... quand j'aurai tout visité, nous remonterons là haut, casser une croûte.... voici la cave !... Quand vous achetez une propriété, voyez d'abord la cave... Allons, avancez un peu, Lastouillat... (Avançant et regardant.) Oh !... (Les deux Auvergnats lèvent les mains avec admiration.) Eh ! miséricorde, mais nous nous sommes trompés : ce n'est pas ici la cave, c'est l'église !... (Stupeur des Auvergnats.) Mais non ! vous êtes bêtes ! vous avez cru que vous étiez dans l'église, n'est-ce pas ?... sont-ils bêtes !... voilà des M partout. Montbarrois !... c'est le caveau de la famille... (Ils se sont arrêtés.) Ah ! un lion !... oui, le fameux lion, qui garde le tombeau que le marquis s'était fait faire... pauvre cher homme ! Brouh ! décidément, v'là le soir qui vient, il y a des ombres ici... je m'en vais, je remonte, j'aime mieux une demi-douzaine d'étoiles ici. Allons, allons, père Lastouillat, faudra me démolir tout ça et rondement là en route, enfants !... en route !... (Ils sortent ; à mesure qu'ils s'éloignent, Madeleine s'avance ; puis, plus tard, Georges.)

### SCÈNE II

**MADELEINE, puis GEORGES.**

MADELEINE, s'avançant avec précaution. J'ai cru que jamais cette femme ne se déciderait à partir !... je mourais d'impatience...

ils remontent. (Elle écoute.) Je n'entends plus que le bruit de leurs pas... Je ne distingue plus rien... ils ferment la grille... Bien ! (Georges paraît.) Ah ! c'est vous, mon ami ?
GEORGES, entrant avec un flambeau qu'il dépose près du tombeau. Oui ; j'ai attaché nos chevaux sous les vignes vierges, près de la brèche, par laquelle vous m'avez fait entrer...
MADELEINE. Nous sommes bien seuls.
GEORGES. Mes dragons et les gens de Colincamp surveillent les environs... ils gardent l'issue par laquelle nous sommes entrés... nous serons avertis au moindre évènement... nous serons d fundus... s'il en était besoin... Je n'ai qu'à tirer un coup de pistolet, pour appeler tout le monde... A quoi rêvez-vous ?...
MADELEINE. Georges, mon ami...
GEORGES. Cette visite aux sépultures de vos aïeux, cette nécessité d'y entrer cachée... je comprends votre émotion... je la partage... Rien de ce qui se passe dans votre âme, n'est étranger à la mienne. (Madeleine regarde, se retourne.) Ne craignez rien, vous dis-je : ce domaine à beau être vendu, vous pouvez encore, à bon droit, vous croire ici chez vous.
MADELEINE. Si l'on venait... ?
GEORGES. La raison qui vous amène ici est si naturelle !... vous veniez prier sur les tombeaux...
MADELEINE. Oui, oui... Ah ! je voudrais bien prier !
GEORGES, regardant autour de lui. Le spectacle est imposant et sombre !... Elle fut grande cette famille, qui laisse après elle tant d'augustes souvenirs... Voilà un mausolée magnifique ! Qui donc des vôtres y repose ?
MADELEINE, à part. Le lion !... (Haut.) C'est là qu'espérait reposer M. le marquis de Montbarrois. (Mouvement de Georges, qui recule. — Madeleine baisse la tête.)
GEORGES. Nous rachèterons le domaine, mon Octavie ; nous offrirons à cette Dutour le bénéfice qu'elle voudra... Nous le pourrons, quand le trésor sera rentré entre vos mains... et alors, si nous avons le bonheur de découvrir les précieux restes de celui que vous pleurez, voilà une tombe qui deviendra, pour nous, à jamais sacrée... la tombe de notre père, Octavie !...
MADELEINE. Ce sera juste, mon Georges... car, même après sa mort, il est notre bienfaiteur... c'est ici que le trésor est enseveli...
GEORGES. Ici ?...
MADELEINE. Préparez-vous, je vais vous y conduire.
GEORGES, à lui-même. Enfin !
MADELEINE, fait un pas, puis s'arrête, bas. Pardonnez-moi, pardonnez-moi !...
GEORGES, vivement. Plaît-il ?
MADELEINE, se remettant. Oui, pardonnez-moi, ma faiblesse : Georges, je tremble comme si...
GEORGES, avec impatience. Comme si vous n'étiez pas l'héritière de votre père !... comme si cet argent n'était pas à vous !...
MADELEINE. Vous avez un flambeau ?...
GEORGES, allant prendre la torche. Voici !
MADELEINE. Je vais presser un ressort, qui ouvrira la porte... nous descendrons ensemble.
GEORGES. Je suis prêt !
MADELEINE. Allons ! (Elle se dirige vers le mausolée, monte en hésitant les marches ; parvenue au faîte) Il y voici ! (Elle plonge la main droite dans la gueule du lion, où son bras s'enfonce profondément. — Une porte s'ouvre, au milieu du pied-estal.)
GEORGES. La porte s'est ouverte !
MADELEINE, descendant. Votre main !... (Ils se tiennent par la main, ils marchent vers l'ouverture béante... Au même instant quelqu'un, sur le seuil, le marquis, tenant l'épée nue à la main ; Guinrouët est derrière lui, appuyé sur son mousquet, Madeleine avec un grand cri.) Ah !... (Elle recule épouvantée.)
GEORGES. Le marquis !...
MADELEINE. Vivant !...

### SCÈNE III

**LES MÊMES, LA MARQUIS, GUINROUET.**

LE MARQUIS. Quel fut ton premier mouvement, Guinrouët, quand, cette nuit, tu vis apparaître ton seigneur, que tu croyais mort ? tu ouvris les bras : ton cœur vola au-devant de moi, ce cœur loyal qui se sentait sans reproche... tu pleurais de joie, en remerciant Dieu à genoux !... Tu n'es que mon soldat, mon serviteur... eh bien, regarde cette femme et cet homme : l'une est ma fille... l'autre est le mari qu'elle s'est choisi... tu me l'as dit... c'est mon gendre !... ce sont mes deux enfants ! Regarde-les : ils n'osent lever les yeux sur leur père !
GEORGES. Monsieur...

LE MARQUIS. Vous connaissiez cette jeune fille, quand vous l'avez prise pour votre femme... vous saviez qu'elle s'appelait Montbarrois... quelle était sans tache ; d'une famille que les rois ont toujours respectée, comme elle les a toujours servis ; vous saviez comment on vit, comment on meurt chez nous, vous connaissiez cette femme, enfin ! Mais elle, lui avez-vous dit qui vous êtes, le savait-elle ? Je ne le crois pas et je vais le lui apprendre...

GEORGES. Je suis votre fils repentant, respectueux.

LE MARQUIS. Tu es le transfuge qui livra nos colonnes aux républicains à Quiberon : le prix de tant de sang, tu l'as dissipé en orgies, en débauches infâmes.

GEORGES. La haine vous égare... ces calomnies...

LE MARQUIS. C'est toi, qui jettes à l'échafaud quiconque pourrait te reprocher les massacres du champ de bataille... L'échafaud fait du sang, de ce sang, tu fais de l'or ! C'est toi, qui cherchant une bonne proie dans notre province désolée, as jeté les yeux sur mon bien, et tu t'es dit : J'aurai cette fortune, soit en assassinant le maître, soit en séduisant son héritière orpheline, tu m'as attiré dans un piège, et tu m'as fait assassiner, et tu as volé la main de ma fille !

GEORGES. Monsieur !... mais c'est de la folie !

LE MARQUIS. Que faisais-tu donc en me provoquant, moi et mes amis, à l'attaque du fort Saint-Antoine ? que fuis-tu ici devant cette tombe violée ?

GEORGES. Je servais une cause que j'ai abjurée à jamais... Ici je me prosterne et vous demande grâce pour mes égarements ; vous vivez ! c'est un bienfait du ciel. — Je déteste ma vie passée... je vous la ferai oublier, je vous paierai mes fautes en respect, en bonheur !... je vous rendrai...

LE MARQUIS. Me rendras-tu ma fille, que ta main a flétrie, souillée, comme tu souilles tout ce que tu touches ? Ma fille était aussi pure que mes ils : elle m'aima il, elle était fière de moi, j'étais orgueilleux d'elle ! Cette cause sainte, pour laquelle mes amis sont morts, étant perdue à jamais, il me restait ma fille, trésor inestimable d'innocence et de piété !... me rendras-tu ce trésor ? Quand ta main inconnue, qui m'arracha du massacre, me jeta sur un cheval et me poussa vers le salut, vers la liberté, vers la vie, je bénissais mon sauveur, je tressaillais de joie en élançant vers Dieu toute mon âme, car j'allais embrasser ma fille !... m'as-tu entendu, cette nuit, Guinrouët, te crier, dans mes transports d'allégresse, d'ivresse, j'arrive, je vis, c'est ma nuit réveille mon Octavie, et partons ensemble !... j'étais jeune, j'étais invulnérable, j'étais fou. Regarde-moi : Guinrouët a parlé, j'ai appris mon home, et me voilà vieux, courbé, anéanti : je n'ai plus d'enfant... Rends-moi donc mon enfant !

GEORGES. Je vous en supplie... nous vous supplions... (Il va pour prendre la main de Madeleine.)

LE MARQUIS. Ne la touche pas !... ne lui parle pas devant moi !... Je la trouvais hideuse, infâme, mais je détournais la tête... si tu la touches, je la tue...

MADELEINE. Ah !

GEORGES. Me voici à vos genoux, pour moi, pour elle... Oubliez !... si votre haine pour moi, si votre colère sont implacables, faites tomber sur moi le châtiment, mais épargnez-la, pardonnez-lui...

LE MARQUIS. Lui pardonner ! à la lâche, qui, deux jours après la mort de son père, passait sur son cadavre encore tiède, pour épouser un homme qu'elle n'avait jamais vu ?...

GEORGES Monsieur !

LE MARQUIS. A l'infâme, qui vient aujourd'hui, non pas prier sur ma tombe, mais dépouiller ma tombe ; à cette voleuse, digne compagne de cet assassin !

GEORGES. Ah ! j'ai prié...

LE MARQUIS. On dirait que tu menaces !

GEORGES. J'ai supplié !... que vous faut-il donc en expiation ?... je me livre...

LE MARQUIS. Que ferais-je de toi ? vivrais-tu, lorsque je t'eusse jugé digne d'un coup de mon épée, et ta mort pourrait-elle faire cesser ma honte ? vivrait-elle, cette misérable, si je la regardais encore comme ma fille ! Allez, allez tous deux... galériens rivés au même boulet, traînant votre infamie, allez, je marcherai derrière vous, le fouet à la main, la malédiction à la bouche !

GEORGES, se retenant, après un mouvement de colère. Vous êtes le père de ma femme, vous ne lasserez pas ma patience.

LE MARQUIS. Oh ! que si car j'appellerai des gens, je me connais ici, et, devant eux, je souffletterai ignominieusement cette créature et je la foulerai aux pieds, jusqu'à ce que tu défendes ta compagne.

GEORGES. Je la défendrai... (Guinrouët fait un mouvement.)

LE MARQUIS. Je l'espère bien !... tu la défendras contre son père ! et elle te défendra aussi !... C'est écrit... c'est fatal !...

tous les degrés : voleurs, assassins, parricides ; il ne vous reste plus qu'à le tuer, ce père sans enfant et sans honneur !...

C'est facile !.. tu es le poignard, tu as l'échafaud, vous avez le désespoir ! tuez-moi donc bien vite, je ne suis venu ici que pour cela !

GEORGES, chancelant. Retirons-nous, Octavie... (Madeleine fait un mouvement.)

LE MARQUIS. Suivons-les, Guinrouët.

GEORGES. Oh ! vous voyez que je veux vous épargner, je n'ai qu'un mot à dire pour vous faire entourer, saisir... Laissez-moi me retirer en paix, ne me provoquez pas !

LE MARQUIS. Je te dis que je veux mourir.

GEORGES. Ce n'est pas vous qui mourrez, monseigneur ; c'est lui !... Meurs ! (Il couche en joue Georges, Madeleine pousse un cri et se jette devant Georges.)

LE MARQUIS. Je te défends... (Il relève la carabine, le coup part.)

GEORGES. Vous vous êtes perdu vous-même ! vous avez donné le signal à mes gens !

LE MARQUIS. Allons, fille de Montbarrois, montre-nous si tu sais rougir : à bas le voile ! (Il arrache le voile et reste stupéfait en voyant Madeleine.) Madeleine !

MADELEINE. Ah !

GEORGES. Hein ?

## SCÈNE IV

LES MÊMES, OCTAVIE, puis UN OFFICIER, DRAGONS, FOULE.

OCTAVIE, courant au marquis. Mon père !... mon père !

LE MARQUIS. Octavie !

OCTAVIE. Voilà la femme de cet homme, et voici votre enfant !

GEORGES. Que dit-elle ?

LE MARQUIS, ivre de joie, l'embrassant. O mon trésor !... (Madeleine est tombée sur le marbre du tombeau.)

GEORGES Oh !

LE MARQUIS, à Georges. Prends mon bien, prends ma vie... tout... je te pardonne, j'ai mon honneur et mon enfant.

L'OFFICIER, arrivant près de Georges. Vos ordres, monsieur ?

GEORGES. Voici deux rebelles, les armes à la main, en flagrant délit... celui-ci a tiré sur moi, voyez... (Un sous-officier prend et examine la carabine vide.)

GUINROUËT. Oui !

GEORGES. Mettez-le en lieu sûr, jusqu'à ce que j'aie pris une résolution à son égard.

L'OFFICIER. L'autre ?

GEORGES, à demi-voix. L'autre, est vieux, inoffensif.. je veux qu'il ne lui soit fait aucun mal... on le jugera à Paris. (Haut.) Enfermez-le dans le petit donjon de l'ancien corps de garde, que j'ai remarqué du côté du ravin. Ah ! tant de gens sont inutiles pour garder deux prisonniers... Chargez Coincamp de renvoyer tout ce monde et d'aller m'attendre à la jonction des deux routes, avec une seule escorte... Allez !... (L'officier sort, les dragons s'approchent de Guinrouët.)

LE MARQUIS. Mon vieil ami, adieu !

GUINROUËT, à part. Pas encore !

GEORGES, au marquis, à demi-voix. Soyez tranquille sur lui... je lui pardonne aussi, seulement il ne faut pas qu'on le croie.

GUINROUËT, avec doute. Lui !... pardonner !...

OCTAVIE. Mon père, que fait-on de nous ?

GEORGES. Mademoiselle demeure ici, vous êtes chez vous en ce château. (Bas au marquis.) Vous, monsieur, je vous fuis, en apparence conduire à Paris. En réalité, je vous fais libre. Allez où bon vous semblera ;... dans une heure... à la nuit close, un homme vous ouvrira la porte de l'endroit où je suis forcé de vous consigner quelques instants, suivez cet homme... sans l'interroger... sans dire un mot.

GUINROUËT, à part. Nous verrons bien. (On l'emmène.)

L'OFFICIER, rentrant. Coincamp fait dire qu'il obéira : il est parti devant.

GEORGES. Bien ! (Bas à l'officier.) Toute votre surveillance sur ce paysan, qui sera fusillé au jour, ne vous occupez pas de l'autre... Allez !... (Le marquis sort avec Octavie. La foule se retire.)

## SCÈNE V

MADELEINE, GEORGES.

MADELEINE, se traînant à genoux devant Georges. Pardon ! je vous aimais.

GEORGES, sans l'écouter, à lui-même. Quoi ! toujours cet abîme, toujours ce gouffre ! J'y ai jeté mon repos, mon honneur, tant de cadavres !... et le voilà béant encore !... je le comblerai ! (Apercevant Madeleine.) Pourquoi à mes pieds, madame ?...

MADELEINE, courbée jusqu'à terre. Oh! sous l'opprobre...
GEORGES. Je ne souffrirai pas que mademoiselle de Montbarrois s'humilie... relevez-vous!
MADELEINE, étonnée. Mademoiselle de Montbarrois?
GEORGES. Vous l'êtes, vous n'avez jamais cessé de l'être.
MADELEINE. Que dites-vous donc!...
GEORGES. Vous êtes Octavie, vous dis-je!... je n'ai jamais épousé que mademoiselle de Montbarrois.
MADELEINE. Ah! par le cœur, par le cœur brisé qui vous adore, je mérite tant de générosité... maisil faut bien renoncer à tout espoir, il faut bien rompre avec ce rêve, le réveil sinistre est arrivé.
GEORGES. Pourquoi?...
MADELEINE. N'avez-vous pas entendu?... ne m'a-t-il pas appelée Madeleine?
GEORGES. Je n'ai pas entendu.
MADELEINE. N'avez-vous pas vu la véritable Octavie?
GEORGES. Je n'ai pas vu...
MADELEINE. Ces témoins, qui me connaissent, qui m'accusent, qui proclament ma honte... qui, tout à l'heure, se dressaient vivants contre nous?
GEORGES. Oui ; ils vivaient tout à l'heure...
MADELEINE. Eh bien?
GEORGES. Eh bien... combien sont-ils? Trois!...
MADELEINE, répétant machinalement. Trois!...
GEORGES. L'un, ce Guinrouët!... il a voulu m'assassiner.. c'est un meurtrier. Les meurtriers sont punis de mort.
MADELEINE, tremblante. Le marquis?...
GEORGES. Le marquis m'a insulté, m'a dévoré, m'a dévasté l'âme... ceux qui plongent dans mon âme... sont punis de mort !...
MADELEINE, épouvantée. Octavie !...
GEORGES. Octavie? mais c'est vous...
MADELEINE, suppliante. Monsieur...
GEORGES. C'est vous!... je n'en connais pas, je ne veux pas qu'il y en ait d'autre! Je suis l'époux de mademoiselle de Montbarrois !
MADELEINE. Ah ! Georges, ah !
GEORGES. Choisissez ! elle ou moi... j'attends !...
MADELEINE, baisse la tête, après un long silence. J'ai choisi !... (Elle lui tend la main.) Vous !... Je vous suis !...

## ACTE CINQUIÈME

### SIXIÈME TABLEAU

Une chambre, au château. — Au fond, lit à rideaux, paravent, une petite table avec fioles, verres, un grand fauteuil. — A gauche, porte dans le pan coupé. — Grande cheminée, ensuite fenêtre. — En face de cette fenêtre, une bibliothèque. — Avant la bibliothèque, porte d'entrée de la chambre. — Entre cette porte et la bibliothèque, petite porte donnant sur un réduit sans issue.

### SCÈNE PREMIÈRE

OCTAVIE, couchée, LE MARQUIS, COLINCAMP, observant la porte à droite.

LE MARQUIS, près du lit. Octavie! mon enfant, mon enfant, réponds-moi...
OCTAVIE. Oui, oui, bon père. (Elle retombe endormie.)
LE MARQUIS. Oh! ce sommeil de plomb! cet engourdissement pareil à celui de la mort!... (A Colincamp.) Grandjean, mon brave sauveur... Est-ce donc pour la voir en cet état que tu m'as ramené près de ma fille?
COLINCAMP. Je vous ai ramené ici, parce qu'il le fallait, monsieur... maintenant, patience!
LE MARQUIS. Grandjean, je te dois la vie, je te dois ma fortune, je te dois tout, me laisseras-tu perdre mon enfant?
COLINCAMP. Je la sauverai, mais silence! retirez-vous... elle vous a vu, elle sait que vous vivez, que vous êtes près d'elle... Vous n'avez plus rien à faire ici... ne compromettez pas mon ouvrage. Je touche au but! ne m'en écartez pas !
LE MARQUIS. Ce but, ne l'as-tu pas atteint?
COLINCAMP. Pas encore : à celui, qui donne une sépulture chrétienne à ma mère assassinée, à vous, j'ai payé la dette de mon cœur... Il reste à payer la dette du sang! Elle le sera, elle va l'être ! retirez-vous.
LE MARQUIS. Je cède à ton ascendant mystérieux. Je sens que notre destinée à tous est dans ta main; je cède... mais un mot encore : il y a quelqu'un qui m'intéresse presque autant que ma fille... Il y a un doute qui me dévore, qui me tue...
COLINCAMP. Guinrouët, n'est-ce pas?
LE MARQUIS. Oui... Guinrouët disparu, Guinrouët et son fils... dont je n'ai pu même retrouver la trace... Où sont-ils? tu me le caches... tu le sais!...
COLINCAMP. Peut-être.
LE MARQUIS. Tu sais qu'il avait échappé à ses gardes, il y a huit jours, la nuit même de son arrestation?... tu sais qu'il est venu me trouver dans l'endroit où, enfermé par Bergerac, j'attendais l'homme qui devait me mettre en liberté?
COLINCAMP. Oui ; je sais qu'il descella un barreau de votre cachot, qu'il vous donna son habit et garda le vôtre, en vous forçant d'aller prendre, aux landes de Kersaint, le cheval que son fils avait préparé pour lui.
LE MARQUIS. C'est vrai. Eh bien, je tremble que Guinrouët ne m'ait donné le change, par quelque dévouement sublime ; qu'il ne soit revenu prendre ma place dans mon cachot, et que, reconnu, il n'ait été jeté en prison, déporté, blessé peut-être... où est-il !... où est son fils? oh ! ne me laisse pas dans cette incertitude cruelle. Grandjean ! fais pour lui ce que tu avais fait pour moi, et si tu ne peux rien, dis-moi, au moins, ce que je dois espérer ou craindre.
COLINCAMP. Vous le saurez tout à l'heure... quelqu'un le dira ici même... Allons, monsieur, vous m'avez promis de m'obéir, de patienter, tenez votre parole.
LE MARQUIS. Oh! tu m'effrayes... oh! Guinrouët !... oh! mon enfant.
COLINCAMP. Allez, monsieur, allez et ne sortez pas de l'endroit où je vous place.
LE MARQUIS. Excepté quand tu m'avertiras?
COLINCAMP. Je n'aurai pas besoin de vous avertir... vous entendrez, vous jugerez vous-même... Ils viennent. Allez! (Colincamp pousse le Marquis dehors, à gauche, et vient se jeter dans un fauteuil près de la fenêtre, où il fait semblant de dormir.)

### SCÈNE II

LES MÊMES, moins LE MARQUIS, LE DOCTEUR, MADAME DUTOUR. Le docteur, en entrant donne son chapeau à Madame Dutour, qui le pose sur un siège ; puis il vient s'asseoir sur le fauteuil auprès du lit. — Moment de silence.

MADAME DUTOUR, au docteur qui tient la main d'Octavie assoupie. Eh bien, docteur, parlez donc ! vous voilà muet comme un de vos clients, que vous auriez guéri de tous ses maux : vous me faites bouillir à petit feu, parlez donc !
LE DOCTEUR. C'est étrange ! (Il regarde les verres, les fioles.)
MADAME DUTOUR. Il n'y a pas de mieux?
LE DOCTEUR. Tout au contraire!
MADAME DUTOUR. Oh! la pauvre enfant.
LE DOCTEUR, qui s'est levé. J'ai beau chercher à secouer cette torpeur, j'ai beau réveiller le corps inerte par les plus énergiques stimulants... chaque jour le pouls diminue, et l'engourdissement augmente. Vous êtes bien sûre qu'elle prend ce que je lui prescris?
MADAME DUTOUR. C'te bêtise ! c'est moi qui lui donne à boire.
LE DOCTEUR. Rien ne peut altérer ces potions? l'humidité... ou la chaleur excessive... Enfin, où les placez-vous?
MADAME DUTOUR. Là,... tenez, dans ce petit réduit noir, sans issue, sans feu, sans air... où je fais quelquefois un petit somme, dans le jour quand je suis trop lasse. (Elle a été ouvrir une porte et revient, la laissant ouverte.)
LE DOCTEUR. Ah !... qui voit-elle?
MADAME DUTOUR. Vous voulez demander si on ne lui fait pas d'émotion?... Eh! non, mon Dieu! Elle en a eu assez, en retrouvant son père aux caveaux et en apprenant la disparition des Guinrouët... Entre nous, docteur, c'est une disparition singulière! Pas de nouvelles de l'un ni de l'autre; pourtant j'aurais juré que le garçon se tenait pour elle, comme je crois bien qu'au fond, elle en tient pour lui. La jeunesse!... écoutez donc !
LE DOCTEUR. Vous ne me répondez pas. Je vous demande qui elle voit?
MADAME DUTOUR. Personne que moi... et Jinchelot, mon cousin Jinchelot, qui roupille un brin là, sur ce fauteuil. Il lui parle quelquefois... il est maniaque, Jinchelot: c'est un timbré ; mais elle l'aime beaucoup et lui fait toujours une petite risette, quand elle le voit... ce qui est rare... Le monstre est toujours dehors !
LE DOCTEUR, réfléchissant. Voilà sept nuits, n'est-ce pas, que vous passez...?

MADAME DUTOUR. Huit!... mais est-ce que ça se compte, quand on a de ça ?.. A quoi pensez-vous ?...
LE DOCTEUR. Je pense... que si on ne réveille pas cette jeune fille par quelque vigoureuse secousse... par une émotion salutaire... je pense que ce n'est plus la peine que je revienne ici!
MADAME DUTOUR. Ah! mon Dieu! vous l'abandonnez!... A qui voulez-vous que je m'adresse?
LE DOCTEUR, prenant son chapeau. A un magistrat... ou à Dieu! (Il sort.)

### SCÈNE III

MADAME DUTOUR, OCTAVIE, COLINCAMP, il s'est levé, il regarde, il rêve.

MADAME DUTOUR, sans le voir. A un magistrat ?... à Dieu ?... Ah! me voilà toute bête, moi! je tremble comme une pauvre feuille... j'ai les jambes cassées. (Regardant Octavie.) S¡ douce, si bonne, ça n'a jamais fait de mal à personne et ça a déjà tant souffert!... Oh! mais est-ce que je vais la voir finir comme ça... sous mes yeux, sansme rebiffer, sans la défendre ? aide-toi... dit le proverbe!... nous allons voir!... La voilà qui soupire!
OCTAVIE, rêvant. Père chéri...
MADAME DUTOUR. Bon!
OCTAVIE. Eloignez donc Madeleine... elle me fait mal, j'ai peur!
MADAME DUTOUR. Rassurez-vous, m'amour : il n'y a ici personne pour vous faire mal, tant s'en faut!... (Colincamp écoute, immobile derrière le paravent.) Et, si elle venait, votre Madeleine, si elle entrait ici, ça n'est guèrebon, pourtant, eh bien, j'en mangerais!...
OCTAVIE. Ah! c'est vous!... oh! comme je suis heureuse de vous voir... comme votre main me fait du bien!...
MADAME DUTOUR. La voilà réveillée!
OCTAVIE. Savez-vous ce que je viens de rêver ?
MADAME DUTOUR. Non...
OCTAVIE. Je voyais ma mère, près de moi, comme je l'ai vue si souvent dans mon enfance... c'était notre chambre ici... ma mère venait me bercer, m'endormir, avec un bonbon et un baiser; je ne la voyais jamais entrer, je ne la voyais jamais sortir, et je me figurais, on est enfant, qu'elle passait, comme une fée, au travers du mur. Eh bien, à présent, ce n'est plus ma mère que je vois venir à mon lit, c'est Madeleine.
MADAME DUTOUR. Un cauchemar! la fièvre!
OCTAVIE. Elle s'approche, silencieuse et froide: son regard me fascine et dompte ma volonté... je voudrais crier, appeler au secours... je ne peux pas... le vertige me prend, et après, je ne sais plus rien, je ne vois plus rien, je m'affaisse et je dors. (Elle retombe. Colincamp la regarde de plus près.)
MADAME DUTOUR. Bon! la voilà retombée.
OCTAVIE. Armand... je vais mourir... je ne vous verrai plus!
MADAME DUTOUR. Ça fend le cœur.
COLINCAMP, s'approchant tout à coup, à lui-même. L'heure est venue!... allons, Catherine.
MADAME DUTOUR. Hein? eh! le voilà réveillé, toi?
COLINCAMP. Il faut sortir, Catherine... sortir d'ici.
MADAME DUTOUR. Moi?
COLINCAMP. Et ne pas rentrer avant mon signal.
MADAME DUTOUR. Ton signal! encore un signal, mon Dieu! il est félé; ça devait finir par là!
COLINCAMP. Ecoute-moi... voici une clef!... prends donc?
MADAME DUTOUR. Une clef, maintenant!
COLINCAMP. C'est celle de l'orangerie... Dans l'orangerie donne une petite chambre souterraine... celle de l'ancien jardinier...
MADAME DUTOUR. Après ?
COLINCAMP. Ouvre cette chambre, tu y verras une personne couchée, souffrante, très-pâle... un jeune homme... que tu connais bien...
MADAME DUTOUR. Un jeune homme pâle!... qu'est-ce qu'il fait là ?
COLINCAMP. Il se cache; montre-toi à lui et dis-lui ces mots: Venez, il est temps! Puis reviens, si tu veux.
MADAME DUTOUR. Si je veux ?
COLINCAMP. Si tu vois la fenêtre... que voici, ouverte, entre sans crainte; si tu la vois fermée, n'entre pas, oh! n'entre pas!...
MADAME DUTOUR. Ces yeux! ces dents serrées, encore! Mais ça ne me convient pas, à moi, tous ces mystères-là!... Mais je ne veux pas m'en aller, moi, tu me fais peur! tu me donnes sur les nerfs; faut que ça finisse, il le faut.

COLINCAMP, tristement. Cela finira, Catherine... aujourd'hui même, dans une heure... Ce sera à jamais fini.
MADAME DUTOUR. Il me donne le frisson.
COLINCAMP. Va!... pars... Ouvre l'orangerie, fais ce que je t'ai dit, et guette cette fenêtre... Il y va de votre vie à tous!
MADAME DUTOUR. Je rêve toute éveillée!
COLINCAMP. Va! va! pars!... (Madame Dutour sort.)

### SCÈNE IV

OCTAVIE, COLINCAMP, puis, MADELEINE. Colincamp parcourt la chambre, examine les murailles, écoutant près de la bibliothèque; il s'arrête, puis il éteint la lumière et se dispose à sortir.

COLINCAMP, haut, avec affectation. Je sors avec toi, bonne Catherine, je sors. (Il se glisse dehors par l'issue de la bibliothèque, mais elle aurait trop de chemin à faire. Madeleine pousse un cri sourd et se précipite dans le cabinet sans issue que madame Dutour a désigné au docteur. Jinchelot l'a vue, il s'assure d'abord que la porte. — La bibliothèque tourne sur elle-même et laisse un passage; Madeleine entre et s'avance avec circonspection. Elle écoute, elle regarde, elle s'assure que tout est bien tranquille.)
MADELEINE. Seule!... oui!... J'aurai le temps! encore cette fois, ladernière! Encore un pas, le dernier sur cette pente fatale!... (Madeleine s'approche du lit. Octavie s'agite et se tord douloureusement sous cette influence. Madeleine tire de son sein un flacon, dont elle verse le contenu dans un verre sur la table.) Georges!... rien ne va plus nous séparer dans ce monde... et nous ne nous quitterons pas dans l'autre! (La porte de Colincamp s'est entre-bâillée, il observe... il voit... Madeleine va saisir le verre. — Bruit fait par Colincamp qui, abrité derrière la porte, se tient tout prêt à se jeter sur le bras de Madeleine.)
MADELEINE, épouvantée. Du bruit!... Est-ce que cette porte n'a pas remué?... (Elle veut s'enfuir par l'issue de la bibliothèque, Jinchelot l'a vue, il s'assure d'abord que le verre est là, il le retire et le serre dans un placard, puis va droit à la porte du cabinet où s'est réfugiée Madeleine, la ferme à double tour et retire la clef, qu'il met dans sa poche.)
COLINCAMP. Je tiens celle-ci... l'autre maintenant! (Il ouvre la fenêtre, le jour est venu; cris au dehors.) Rentre quand tu voudras, Catherine! Ah! la voici, voici l'heure, voici la fin! (Il sort à gauche.)

### SCÈNE V

OCTAVIE, MADAME DUTOUR, Servantes effrayées, puis GEORGES et LE JUGE, ensuite COLINCAMP.

MADAME DUTOUR. Jinchelot! ce monstre d'homme est ici, chez nous! Jinchelot! au secours!... vous n'entrerez pas, vous dis-je!
GEORGES. Passage!
MADAME DUTOUR. Au secours! (Elle fait tomber les rideaux autour du lit d'Octavie.)
GEORGES. Faites votre devoir, monsieur le magistrat!
LE JUGE, à madame Dutour. Respect à la loi!
MADAME DUTOUR. Dans la chambre d'une mourante!...
GEORGES. C'est à cette prétendue mourante que nous avons affaire, monsieur et moi, puisqu'elle nous a appelés.
MADAME DUTOUR. Elle ?
GEORGES. Tenez! reconnaissez-vous ceci? Une insolente assignation au nom de mademoiselle de Montbarrois, domiciliée au château de Montbarrois; une assignation en confrontation, devant un délégué supérieur du gouvernement. (Entre Colincamp.)
MADAME DUTOUR. Arrive donc, Jinchelot, tu n'entends pas ?
COLINCAMP. J'entends bien, mais je ne comprends pas.
GEORGES. Où est-elle, celle qui ose se prétendre Octavie de Montbarrois, qu'elle se montre ? (Les rideaux s'écartent.)
OCTAVIE paraît. Me voici!
MADAME DUTOUR, allant la soutenir. Pauvre chérubin, ils vont la tuer!
GEORGES. Ah! la voilà, enfin! veuillez apprendre à cette jeune fille, égarée peut-être par de mauvais conseils, ce qu'elle risque à soutenir seule l'outrageante accusation que j'ai reçue en son nom! Je suis à défendre les droits de ma femme : qu'on y renonce, je serai clément... qu'on persiste... je serai implacable.
LE JUGE. Est-ce vous, mademoiselle, qui avez assigné ici M. de Bergerac comme coupable de deux crimes, que vous promettez de nous faire connaître?
OCTAVIE. J'ignore ce qu'on veut me dire.... et je n'ai assigné personne.
GEORGES. Elle a peur!... mais il est trop tard... Il faut avouer le faux, l'imposture, ou sinon...
OCTAVIE... Jamais!...
MADAME DUTOUR. Son imposture! coquin!
GEORGES. Puisqu'il en est ainsi, je réclame l'arrestation de

cette fille comme faussaire, et je dois vous déclarer, monsieur le magistrat, qu'investi du droit de disposer de la force armée, je prends la responsabilité d'opérer immédiatement cette arrestation.

MADAME DUTOUR. Jour de Dieu ! venez-y !

OCTAVIE, au juge. Oh !... monsieur, devant vous !...

LE JUGE. Défendez-vous, mademoiselle ; une réponse, une preuve, un témoin.

### SCÈNE VI
LES MÊMES, ARMAND.

ARMAND, arrivant défait, chancelant. Moi !...

OCTAVIE. Armand !

GEORGES. Armand Guinrouët !

ARMAND. Monsieur, je suis bien faible, je puis parler à peine... Il faudrait me défendre, que je n'en aurais ni la force, ni peut-être le courage ; mais, pour dire la vérité, pour écraser un scélérat, ah ! monsieur, dussé-je expirer sur la place, je le pourrai ! je le pourrai !

BERGERAC, s'avançant sur Armand. De quel scélérat et de quelle vérité parlez-vous ?

LE JUGE, le retenant. Un moment !

ARMAND. Un meurtre a été commis, il y a huit jours, au ravin des Friches... (Apercevant Octavie.) Ah !... pas devant elle... pas devant elle !... Bien qu'aux déchirements de mon cœur, je sens les tortures du sien !

OCTAVIE. Que veut-il dire ?...

LE JUGE Parlez monsieur, il le faut.

GEORGES. Oui... parlez... il le faut !

ARMAND, domptant son émotion. J'étais allé conduire mon père... — Après l'avoir aidé à fuir, car l'ordre était donné de le fusiller au point du jour, je lui avais préparé un cheval. — aux landes de Kersaint. J'escortai mon père jusqu'au bord du ravin des Friches et nous nous séparâmes... Je connais mon père, hardi, dévoué jusqu'au fanatisme. J'étais inquiet de le voir faire ce détour pour se rapprocher du château, je tremblais qu'il n'essayât d'aller voir encore une fois M. de Montbarrois qu'on y tenait prisonnier ; au lieu de retourner où l'on m'avait caché, comme mon père me l'avait ordonné, je me mis aux aguets, de loin, sur le coteau, pour observer. Je fus bientôt rassuré sur le sort de mon père : après quelques minutes, il passa rapidement au-dessous de moi ; dans le brouillard je reconnus sa mante bretonne, je le vis sauter sur l'un des chevaux que tenait Gabric. Ils partirent tous deux au galop. Je respirai, mon père était sauvé !

OCTAVIE, à part. Son père était sauvé ! oh ! malheureux !

GEORGES. Eh bien, après ?

LE JUGE. Continuez.

ARMAND, regardant Octavie. Pardon ! ce que j'ai à dire est affreux.

GEORGES Ah !

ARMAND. Demeuré seul dans la montagne, je me demandai si ce n'était pas Dieu qui m'avait inspiré ces pressentiments et qui n'avait conduit là. Mon père s'échappé, sauvé, il restait entre les mains de cet homme un ennemi, un témoin, le plus redouté, le marquis de Montbarrois... celui qu'il avait promis de sauver, celui qu'il devait avoir le plus à cœur de détruire. Je restai à mon poste : de l'autre côté du ravin, j'entrevoyais, dans la brume bleuâtre, les tours du château, l'abîme et le chemin blanchissant qui le borde... Bientôt j'aperçus deux hommes qui s'avançaient lentement, l'un après l'autre, dans le chemin qui monte. Le premier, le guide, s'effaça brusquement derrière le parapet des roches. Je ne le vis plus. L'autre continua calme, droit comme un soldat qui marche sur le feu. Je crois qu'il regardait le ciel ! Soudain un éclair rouge illumina l'espace, une explosion retentit, le malheureux, qui marchait, s'arrêta chancelant ; une deuxième flamme, un deuxième coup de feu jaillirent de ce même rocher, qui abritait l'assassin, et je vis un corps brisé qui poussait dans l'abîme, j'entendis le bruit épouvantable de sa chute sur les roches. Ce cri, qui répond encore aujourd'hui, jusqu'au fond de mes entrailles... Ah ! demandez à ce monstre ce qu'il a fait du marquis de Montbarrois !

OCTAVIE, avec élan. Ce n'était pas... (elle s'arrête) ah ! il a vu assassiner son père. (Elle défaille.)

MADAME DUTOUR, entre les deux. Pauvre Armand ! il perd connaissance.

COLINCAMP. Secourez-le !

ARMAND, luttant. Non ! non !

COLINCAMP. (Bas à Armand.) Taisez-vous ; emmène-le, Catherine. (Elle sort à droite.) Ici, mademoiselle... Ici, mademoiselle... Allez. (Il pousse Octavie à gauche ; Il aide Catherine à emmener Armand et il revient.)

LE JUGE. Eh bien, monsieur de Bergerac, à quoi vous décidez-vous ?

GEORGES. Comment, que voulez-vous dire ?

LE JUGE. Répondez-vous... à l'accusation ?

GEORGES. Monsieur, n'oublions pas qui nous sommes... Je suis délégué du Directoire... maître absolu dans la province... je ne relève que du gouvernement... Vienne ce délégué supérieur qu'on m'annonce de sa part... je verrai ce que j'ai à faire...

LE JUGE. Je consignerai, au procès-verbal, que vous avez refusé de répondre.

GEORGES. Consignez aussi que l'on a promis des preuves, et qu'il n'en a été produit aucune. Je vais donner, moi ; à vous, je veux bien dire la vérité... J'ai sauvé, malgré sa rébellion, malgré nos dissentiments, le marquis, mon beau-père... Je l'ai fait conduire secrètement à bord d'un vaisseau, en rade de Nantes. Il fait voile, en ce moment, pour l'Amérique...

### SCÈNE VII
LES MÊMES, LE MARQUIS, appuyé sur OCTAVIE.

LE MARQUIS. Vous mentez !

GEORGES, terrifié. Encore !...

LE MARQUIS. Toujours !... Nous sommes l'un et l'autre sous la main de Dieu !

LE JUGE. Monsieur de Montbarrois ! Ce jeune homme en imposait donc ?

LE MARQUIS. Monsieur, il vous a dit qu'il avait vu assassiner un homme, la nuit, dans la montagne... c'est vrai ; il vous a nommé le meurtrier, il ne se trompait pas... Seulement il s'est trompé en nommant la victime... Il ne sait pas que c'est son père... J'ai attendu qu'il ne fût plus là pour paraître ; qu'il ignore son malheur, un peu plus longtemps !

GEORGES. Guinrouët ?

LE MARQUIS. Guinrouët, martyr de son héroïque amitié... il m'a abusé par un généreux mensonge... Il a pris ma place... Il est mort pour moi !

LE JUGE, à Georges. Monsieur !...

GEORGES. Est-ce donc moi qui ai frappé ?... pourquoi ce crime !...

LE MARQUIS. Et pourquoi chaque jour assassines-tu ma fille !...

GEORGES. Moi ?...

LE MARQUIS. Il fallait un témoin pour prouver la mort de Guinrouët... J'ai paru... Tu veux peut-être que je te prouve ton second crime ? Le témoin est tout prêt... Le récuseras-tu ? (Il ouvre la porte du réduit et fait sortir Madeleine... Colincamp, sans rien dire, a ouvert le placard et montre du doigt à Madeleine le verre empoisonné.

GEORGES. Elle !

MADELEINE, bas. Pardon !

LE MARQUIS Les deux crimes, sont-ils assez prouvés ? n'est-il pas temps qu'on punisse !...

GEORGES. N'est-il pas temps d'en finir avec cette lutte implacable ? N'est-il pas temps de me souvenir que je vous tiens tous dans ma main et que je vais enfin vous anéantir ?... Oui, dussé-je faire écrouler sur nous ces voûtes de pierre, mon sort sera décidé aujourd'hui.

LE MARQUIS. Il l'est !

GEORGES A moi ! (Entrée rapide des dragons.) A moi, Colincamp !

COLINCAMP, qui s'est dépouillé de son déguisement. Je suis là !...

### SCÈNE XIII
LES MÊMES, MADAME DUTOUR, qui est survenue et a tout entendu, HOMMES ARMÉS, FEMMES, SOLDATS, etc., etc.

MADAME DUTOUR. Que dit-il ?

GEORGES. C'est vous, qui êtes Colincamp ?

COLINCAMP. C'est moi !... vous avez quelque peine à me reconnaître... Vous oubliez si vite !... on m'appelait autrefois Grand-jean. Je suis le fils de cette pauvre femme que vous avez fait fusiller sur le marché de Nantes ; c'est mon premier crime ! J'ai assisté à tous les autres ; il y a dix ans que je vous attends l'heure, qui vient de sonner. Répondez maintenant ?

GEORGES. Ai-je des comptes à rendre à mon agent ?... Je ne réponds qu'au Directoire.

COLINCAMP. Il n'existe plus.

GEORGES. Le Directoire ?...

COLINCAMP. A fait place au consulat du général Bonaparte, qui a publié une amnistie, et dont j'ai les pleins pouvoirs.

GEORGES. Oh !

COLINCAMP. Votre commission !

GEORGES. Que fait-on de moi ?

COLINCAMP. Vous le saurez à Paris.
GEORGES. Je le sais !
MADELEINE, s'approchant humblement. Je vous suivrai partout.
GEORGES. Quoi !... partout?... même sur l'échafaud ?
MADELEINE, avec résolution. Oui !...
GEORGES. C'est magnanime !... mais il eût mieux valu ne pas m'y conduire !
MADELEINE. C'est pour vous que j'ai été criminelle... je suis votre femme !
GEORGES, avec dédain. Ma femme... non !.. Vous êtes Madeleine Morel !... J'ai perdu, monsieur le marquis... Je paierai... Adieu. (Il sort sur un signe de Colincamp, qui le remet à ses hommes.)

### SCÈNE IX
LES MÊMES, moins, GEORGES.

MADELEINE, accablée. Son mépris !... oh ! voilà le dernier coup !
OCTAVIE. Mon père... il est temps encore, pardon nous-lui.
LE MARQUIS. Généreux cœur ! (Colincamp revient et regarde.)
MADELEINE. Moi, je ne me pardonne pas ! (Elle s'est approchée silencieusement de la table ; elle va prendre le verre. Colincamp le saisit brusquement et le jette par la fenêtre.)
COLINCAMP. La mort serait trop douce: vivez !... vivez libre, face à face avec vous-même !... Oui : vous tomberez de crime en crime ! Nous nous reverrons quelque jour !
MADAME DUTOUR. Décidément, il a d'ça !
MADELEINE, avec un cri de désespoir. Oh !...

### SCÈNE X
LES MÊMES, ARMAND.

ARMAND, entrant éperdu. Jinchelot, Jinchelot ! vous me trompiez donc?... on le laisse échapper... je l'ai vu monter en voiture, l'assassin, de M. de Montbarrois.
LE MARQUIS, s'approchant. Armand !
ARMAND, stupéfait. Le marquis !... vous, monsieur ! Mais, qui donc ai-je vu tuer ? (Éclatant.) Mon père !... où est-il !... oh ! dites-moi où est mon père ?...
LE MARQUIS, prenant la main de sa fille et celle d'Armand. Ton père ?... C'est moi ! (Il l'embrasse. Armand tombe défaillant dans ses bras. — Sur un geste de Colincamp, Madeleine va sortir.

FIN

www.ingramcontent.com/pod-product-compliance
Lightning Source LLC
Chambersburg PA
CBHW070539050426
42451CB00013B/3081